[英] 约翰·阿代尔

(John Adair)

著

谢天

译

巧妙且明智地
利用时间

高效时间管理

60
SEC

浙江人民出版社

First published 2015 by Macmillan an imprint of Pan Macmillan,
a division of Macmillan Publishers International Limited

浙江省版权局
著作权合同登记章
图字：11-2020-064

图书在版编目（CIP）数据

高效时间管理：巧妙且明智地利用时间 /（英）约
翰·阿代尔著；谢天译. — 杭州：浙江人民出版社，
2024. 7
书名原文：EFFECTIVE TIME MANAGEMENT
ISBN 978-7-213-11434-2

Ⅰ. ①高… Ⅱ. ①约… ②谢… Ⅲ. ①时间-管理-
研究 Ⅳ. ①C935

中国国家版本馆 CIP 数据核字（2024）第 064778 号

高效时间管理 巧妙且明智地利用时间

Gaoxiao Shijian Guanli: Qiaomiao Qie Mingzhi De Liyong Shijian

[英]约翰·阿代尔 著 谢 天 译

出版发行：浙江人民出版社（杭州市环城北路 177 号 邮编 310006）
　　　　　市场部电话：(0571)85061682 85176516
责任编辑：胡佳佳
营销编辑：顾 颖 杨 悦
责任校对：何培玉
责任印务：幸天骄
封面设计：厉 琳
电脑制版：杭州兴邦电子印务有限公司
印　　刷：杭州富春印务有限公司
开　　本：880 毫米×1230 毫米　1/32　　印　张：6
字　　数：107 千字　　　　　　　　　　插　页：2
版　　次：2024 年 7 月第 1 版　　　　　　印　次：2024 年 7 月第 1 次印刷
书　　号：ISBN 978-7-213-11434-2
定　　价：58.00 元

约翰 · 阿代尔
John Adair

国际公认的领导学权威

约翰 · 阿代尔是世界上关于领导力和领导力发展的领军权威之一，被誉为"欧洲的彼得 · 德鲁克"。

约翰为巴克莱银行、劳埃德TSB银行、英美烟草公司、杜邦公司、英国皇家空军、英国奥林匹克委员会等机构提供管理咨询服务，他是许多企业、政府部门、非政府组织的管理顾问。全球超过100万名经理人参与了他倡导的以行动为主的领导模式（Action-Centred Leadership）项目，他的理念和方法启发和激励了整整一代的管理者。

约翰出版过50多部著作，其中包括畅销书《不是老板而是领导者》（*Not Bosses But Leaders*）、《约翰 · 阿代尔领导力词典》（*The John Adair Lexicon of Leadership*）、《鼓舞人心的领导》（*The Inspirational Leader*）、《如何培养领导者》（*How to Grow Leaders*）以及EFFECTIVE系列等。

目录

CONTENTS

前言

PREFACE

> 虚度年华谓之生存，奋斗不息才叫生活。
>
> ——爱德华·杨（Edward Young）

本书于 1987 年首次出版，当时的书名为《如何管理时间》，从那时起，"时间管理"的概念便极大地引起了人们的兴趣。通过谷歌搜索"时间管理"会出现大约 1.3 亿条结果。人们面对着来自媒体和互联网的信息轰炸，还会收到大量的邮件、电话和短信，其目的都在教你解决与时间有关的各种问题。

只有逃避现实的人才会否认自己存在这种问题。无论你有多么擅长"多任务处理"，但要平衡对时间的各种需求并非易事。如果你是独自一人抚养子女的，或者你和另一半都要工作，管理好时间就更加困难。

新技术与互联网的发展当然可以帮助我们节省大量时间，但同时也会使我们陷入时间管理的陷阱。有些人会不加区分地回复所有邮件，导致自己的时间支离破碎。还有些人沉迷于玩手机和发消息，完全没有独立思考的时间。

事实上，技术进步并非能解决所有问题，精确到秒的钟表也不能。技术是人类的好仆从，但绝非精明的主人。"反思性思维"和"清晰思维"这对组合可以让我们对时间有一定的掌控力。如果你愿意花一点时间在这两项活动上，我相信你会将本书看作是有效的指导和鼓励型伙伴。

本书提供了一个简单的框架——时间管理的"十大原则"，并在末尾进行了总结。这些原则是时间管理的基础，你要牢牢记住它们，将它们内化为自己的思维习惯。

其中一些原则（特别是与时间和生活有关的内容）要求你运用反思性思维，思考自己的价值观，即指引生活方向的"北极星"。这些价值观在我们做选择和决策的过程中是主要决定因素，只是我们很少意识到这一点。我们安排时间的方式能够反映出自己的价值观。

你无法细究自己或别人的价值观，但至少应该知道，对自己来说哪些价值观比较重要、哪些较为次要。每个人的想法都有所差别，你有你的特点，所以要做自己——做最好的自己。

反思性思维的作用就是这些，接下来你要运用清晰思维，思考日常时间管理的方法。"十大原则"主要用来帮助你想清楚自己的短期和长期目标，自己所处的行业以及没有从事的行业，以及在一些情况下做决策可以节省时间的方法。我在本书中强调，一定要制订明确且灵活的计划，这是在所有生活领域提高效率的必要条件。

最后，我希望你可以从本书中获得灵感，了解相关原则、策略、技巧、经验法则和实用方法。你无法一夜之间变成时间管理大师，这是一个漫长的过程，你会经历诸多起伏、黑暗和坎坷。希望这本书能为你提供不竭的灵感、希望和动力的源泉，推动你不断前进。

约翰·阿戴尔

静谧的树林如此可爱、深邃和幽暗，
我虽向往，但我得恪守我的诺言，
路迢途远，岂敢酣眠。
——罗伯特·弗罗斯特（Robert Frost，美国诗人）

01

正确地认识时间管理

什么是时间？"时间管理"的概念是何时出现的？它与我们的生活有什么关系？

这些问题并不容易回答，因为大多数有关时间管理的作品都忽略了它们，但是我们不会犯这个错误。我们可以从历史的角度看待时间管理，从而得出非常重要的结论。

本章将引导读者思考自己对时间管理的看法。你是否有意识地将它作为自己的信条？你或许会发现自己下意识地遵守着时间管理的规则，这是我们从共同的历史和文化中继承的传统。如果我们理解这个传统，并且能在它的基础上进一步提升，就会得到好的效果。

■ 时间的本质

只有人类才能体会到时间的转瞬即逝。据我们所知，动物没有这种感觉。拉丁语中有个说法——"Tempus fugit"，意为"光阴似箭"，这是人类共同的理念。但什么是时间？古代的哲学家对此也存疑：

> 时间究竟是什么？谁能轻易地定义它？谁对此有明确的概念，能用言语表达出来？在日常谈话中，又有什么比时间更常见、更令人熟悉的呢？我们谈到时间时对它十分了解，听别人谈到时间时，我们也可以领会其中含义。那么时间究竟是什么？没人问我时，我倒清楚；有人问我时，我想说明，却茫然不解了。
>
> ——奥古斯丁（Augustine，哲学家、神学家）

自从奥古斯丁写下这些文字以来，我们对于时间的理解并无太大变化。我们在提到这个概念时都明白它的意思，但无法详细解释。哲学家和物理学家就更不清楚了，他们的推断和计算结果尚未进一步阐明这个问题。

如果你行进的速度比另一个人快，时间对你来说过得就比较慢。如果你以每小时500英里的速度绕地球一周，旁边放一个原子钟，那么在你回到出发点时，你身旁原子钟的时间要比地面上的原子钟慢一百万分之一秒。

爱因斯坦（Albert Einstein）提出了相对论，引发了人们对于时间和空间两个维度关系的思考。速度快到一定程度时，时间确实会慢下来。然而，爱因斯坦的发现并不会加深我们对于时间的理解，因为人类无法到达他所设想的速度。他给时间增加了一些神秘感。

我们可以将时间看成像空间一样存在维度：一切变化都在维度中发生。变化的速度范围很广：一座山从形成到崩塌需要数百万年的时间，而人类从出生到死亡只需要几十年时间。作为人类，我们会依据自己生命的长度来衡量时间和变化。

我们都知道，1小时有60分钟、1分钟有60秒，但我们对时间的感受有所不同，甚至不会意识到这一点。对我们来说，时间有时快、有时慢，它有自己的"心理"变化。

文学评论家、哲学家威廉·哈兹里特（William Hazlitt）说道："年轻人不相信自己会死去。"人们往往以为年轻是永恒的，年轻人或许认为自己有大把时间，于是挥霍。

不知道如何利用时间则属于问题的另一面。随着年龄的增长，我们对时间的价值逐渐有了深刻的理解。对一些人来说，似乎除了时间，其他一切都不重要。但对于其他人来说，时间相当漫长。等待出院回家的老人可能度日如年，但与之矛盾的是，他可能仅剩几天或几小时的生命。

对我来说，晚上的时间比白天过得更慢，等待看牙或等车的时间百无聊赖。

我们还会产生其他的错觉。一般来说，如果我们热切地期待某些事，那么时间越短，我们感觉它越长。这是否因为我们用更短的单位来计算时间？还是仅仅由于我们过于关注时间，甚至想开始倒数？

在有目的的活动中，时间过得很快。这或许可以解释为什么随着人年龄的增长，人们会觉得时间过得越来越快——每一年过得飞快，一天似乎只有几小时，一小时仅有几分钟。如果我们忙起来，就会产生这种感觉。

或许由于这个原因，忙碌的人更加重视"时间管理"的概念。

时钟的旋转

普通人很少去探究时间的本质，对他们来说，知道现在是什么时间就足够了。古往今来，农民、牧民都是依据自然现象来判断时间：破晓、日出、正午、日落和夜幕降临。他们在日常活动中不需要知道准确的时间。大家都会遵循自然的时钟：日夜交替、四季轮回。这种循环已经刻在了他们的生活里。

那么我们什么时候需要时钟？谁需要它？即使最古老、最自然的人造时钟——日晷，似乎也影响了人们的生活。戴维·兰德斯（David Landes）在介绍计时历史的著作《时间的革命》（*Revolution in Time*）中引用了古罗马一位戏剧演员的台词：

> 诸神迷惑了第一批发现如何区分时间的人。
> 也迷惑了在这个地方立起日晷，
> 将我的日子残忍地分割变成一个个小碎片的人！
> 小时候，
> 我的肚子就是我的日晷——
> 更加确定，更加真实，更加准确，胜过任何日晷。
> 它告诉我何时该去吃饭，
> 但如今，即使我饿了，
> 也不能吃东西，除非日晷同意。
> 城里到处都是这种困惑的日晷……

日晷作为计时工具有很大的局限性。在常年阴天的国家，它毫无用处。到了14世纪末，一些有创造力的欧洲人发明了机械钟，它的内部有一套齿轮，靠钟摆带动。这种机械钟只有时针，不够精确，因此只用于教堂或城市广场报时。威尼斯圣马可大教堂旁边的钟就是个典型的例子。

机械钟越变越小，逐渐演变为富有的人可以购买的家用便携时钟。其中最关键的技术突破是螺旋弹簧的发明，它可以做得非常小。欧洲工匠根据座钟的原理发明了怀表。19世纪60年代，瑞士开始面向普通人大批量生产一种物美价廉的手表；第一次世界大战期间，手表开始普及。

与此同时，钟表的精确性越来越高，可以精确到分和秒。约翰·哈里森（John Harrison）发明的航海计时器在18世纪中期得到充分完善后，每天的时间误差不超过一秒。后来石英技术的发明，让家家户户都用上了精确度更高的钟表。石英技术的使用意味着我们能够以秒来计时。而原子钟比石英钟计时更加精确。

时间准则

从商业角度看待时间（即"时间就是金钱"）的想法似乎来自中世纪末期的意大利商人。教会反复灌输的宗教思想和死亡带来的威胁也加深了这种想法。当时很少有人能活过70岁。

14世纪，黑死病让欧洲失去了将近1/3的人口，机械钟也是在这个时期首次出现的。生命短暂且充满了不确定性：死神无处不在。因此，一定不能浪费时间。

莱昂·阿尔伯蒂（Leon Alberti）是15世纪初一家意大利公司的合伙人，他的一些信函保存至今。根据信函内容，年轻的阿尔伯蒂可被视为现代时间管理的开创者。

"每天早上我醒来，"他写道，"第一件事是思考'今天要做些什么'，要做的太多了，我会一件件数清楚，然后给每件事分配时间。"他继续说："我宁可少睡也不愿浪费时间，而且要确保时间都用在了必要的事情上。"

睡觉、吃饭等这些事明天也可以做，但今天要完成的工作不能拖到明天。阿尔伯蒂要求自己"严格根据时间安排各项任务，专心做事，绝不浪费一点时间"。

因为发现了一个伟大真理而感到兴奋的阿尔伯蒂总结道："懂得不浪费时间的人可以做到任何事，知道如何利用时间的人将成为梦想的主宰者。"

英国清教徒传教士们用朴素的语言向信徒们传授节约时间的方法。举个例子，他们建议通过每天写日记进行自我反省，这是一种有效的时间管理方法。他们提倡养成日常规划时间的习惯，非清教徒也很受用。马修·黑尔（Matthew Hale）爵士在英国复辟时期担任法官，他每天坐下来做晨祷时都会规划一天的活动。

因此，新教徒引领了便携式钟表的制造（尤其在法国和瑞士）便不足为奇了。人们曾经依靠守夜人的报时、教堂大钟或广场上的塔钟来知道时间，现在可以通过家里放置的或身上携带的钟表知道时间。人们不再过着修士一般的生活。时间变成了更加私人化的概念。

所有曾经依赖人与人见面的活动现在都可以通过钟表来安排。将军可以同时协调多场大规模的军事行动，铁路公司也可以安排复杂的时间表。在钟表普及之前，这些都无法实现。

美国开国元勋本杰明·富兰克林（Benjamin Franklin）在《给一个年轻商人的忠告》（*Advice to a Young Tradesman*）一文中写道："记住，时间就是金钱。"清教徒们生活在18世纪的世俗环境中，没有放弃时间管理的习惯。"你热爱生活吗？"富兰克林问道，"那么不要浪费时间，因为这是生活的全部内容。"

■ 时间就是金钱

时间准则适用于任何目标，这是一种可以转移的技能。历史上，人们曾经将它从宗教目的转移到非宗教目的——尤其是用于创造财富。这种转移并非不可逆。商业环境中传授的时间管理原则没有理由不能用于精神和智力生活。举个例子，"时间就是金钱"这句话也可以成为我们的个人行为准则。

人类有时通过类比来理解进步成果，在谈到时间这种抽象概念时尤其如此。富兰克林并不是第一个把时间比作金钱的人，但是从他那时起，这句话开始流行起来。它值得我们仔细琢磨。

时间和金钱都是有限的资源，这是两者的相似之处。因此，时间与金钱一样，是一种宝贵的商品，可以借用、储存或挥霍。在"时间就是金钱"这个比喻之外，还有很多类似的说法：

> 昨天是过期支票，
> 明天是本票，
> 今天才是现金。
> 好好利用它！

银行的出现给时间和金钱的类比增加了一种新的相似之处。我们的祖先将"时间"描绘成一个光头老人，有大大的额头，手里握着一把长柄镰刀和一个沙漏。我们今天可以将时间比作银行经理，手里攥着一张宣告我们破产的通知和一个数字时钟。

所有类比到了某个时间点都会失效。很显然，时间不是金钱。只有在不把时间当作金钱时，我们才能体会到它的独特之处。人们可以创造财富，但无法创造时间。金钱没有边界。沙漏里的沙子与银行存款不同。中国有句俗语说得好："寸金难买寸光阴。"时间比金钱要珍贵得多。

"时间就是金钱"，不仅仅是一种说法，更是一种行动号召。它提供了积极有效的帮助，鼓励我们将时间看作金钱，因为后者是广泛采用的价值标准。如果我们认定时间比金钱更有价值，就不难理解它的本质。大多数人都会努力存钱并合理投资，那么我们是否应该避免浪费时间，并努力将它用在合理的地方呢？

阿诺德·本涅特（Arnold Bennett）的作品《悠游度过一天的24小时》（*How to Live on Twenty-four Hours a Day*）在美国出版了14个版本。这本书讲的是一位每天乘火车去伦敦市上班的牧师如何挤出大量时间读一些好书的故事。同样的方法也可以用于赚钱。汽车行业大腕亨利·福特（Henry Ford）给公司管理层发了500本《悠游度过一天的24小时》，另一家汽车公司的总裁购买了1.8万本，发给每一位员工。

每日奇迹

哲学家阐释了空间，但没有阐明过时间。时间是万物难以言喻的原材料。拥有时间，一切皆有可能；没有时间，万事皆空。时间的供给，的确是每天发生的奇迹，仔细想想，这着实令人惊讶。瞧！早晨醒来，你的钱包里就神奇地被装上了24小时，这是你整个生命里还未加工的一部分。这24小时是属于你的最宝贵的财富。时间是相当特殊的商品，总是以一种特殊的方式被大量地赠予你！

注意！没人可以夺走你的时间。时间是偷不走的。别人得到的时间不会比你多，也不会比你少。

说说理想的民主吧！在时间的领域里，财富没有特权，知识也没有特权。即便是天才，每天也不可能比别人多拥有1小时时间。同样，也没有时间上的惩罚。即使你肆意浪费这无比贵重的商品，你的时间也不会丧失。没有某种神秘的力量会说："这人如果不是无赖，一定是个傻瓜。他不配拥有时间，应将他的时间供应从计量表中切断。"时间比长期债券更可靠，时间的支付不受假期影响。再者，你不能预知未来，因此不会欠下时间债。浪费的只可能是过去某一刻，而不可能浪费明天；明天给你预留着呢。你也不能浪费接下来的1小时，它也为你保留着。

我说这就是奇迹，难道不是吗？

每天你得靠这24小时生活。从每天的24小时里，你要拥有健康、获取快乐、挣得财富、获得满足和尊重以及使你不朽的灵魂得到升华。怎样恰当、有效地利用时间是一个最急迫、最令人振奋的实际问题，一切都取决于怎样利用时间。

——阿诺德·本涅特的《悠游度过一天的24小时》

"时间就是金钱"正是本涅特的核心观点。"为什么不多想想'如何在有限的时间中生活'，少琢磨'如何依靠有限的金钱生活'呢？金钱远比时间普通。"他写道。细想一下，就会发现金钱是世界上最普通的东西，而时间的供应尽管固定，但同时有限得近乎残酷。

"我们中有谁过好了一天的24小时？我说的'过好'意思不是活着或浑浑噩噩地活着。日常生活的'重大消耗部分'没掌管好，谁不曾有过这样的不安？我们谁不正在乃至一生都在对自己说'等我有多一点时间了，将会有所改变'？"

"我们永远不会有更多的时间。我们现在跟以往一样，所有的时间也就这么多。"

意识到这个深刻而被人忽略的真理后，我们将在接下来的几章反思自己为什么会浪费时间，并制订实际解决方案，提高时间的利用效率。

▰ 本章要点：正确地认识时间管理

◉ 时间与空间一样神秘。在时间的维度里，既会发生变化，又有相对的连续性。

◉ 时间可以通过钟表准确计算。机械钟对人类产生了深远影响，让我们比祖先拥有更强烈的时间观念，只不过人类自身寿命的延长让我们在其他方面不够重视时间。

◉ 时钟会对人产生约束。清教徒在英国和美国宣扬时间的宝贵，以及浪费时间就是罪过的观念。节俭、勤奋和守时三者密不可分。

◉ 并非所有人都遵守"时间就是金钱"的准则。实际上，时间比金钱珍贵得多，应得到更大的重视。

◉ 你只有给时间赋予正确的价值——超过黄金或白银的价值，才能从接下来的章节提供的实际建议中获益。对时间内在价值的全新理解可以让你产生强烈的合理安排时间的愿望。

今天无法留住，

但可以不虚度。

——一座日晷上的文字

02

关于时间的常见问题

对着镜子，你会看到一个浪费了大量时间的人。在接受这个现实以前，我们很难解决自己的时间问题。

讽刺的是，问题最严重的往往是那些看起来最努力、工作时间最长的人。他们表面上很忙，但往往非常低效。他们大多无法管理好自己的时间。

本章将帮助你找到自己和其他人面临的主要时间问题及其原因。你或许能在接下来的5个案例中看到自己的影子。这几个案例就像几面镜子，能照出你身上的问题。如果你认为其中的一两个，甚至所有案例与自己的经历相似，也不要灰心。了解自己是找到解决办法的前提。本书的目的在于帮助你培养良好的时间管理习惯。

▓ 拖延症患者

罗伯特·迪尔（Robert Deal）在很多方面都称得

上是优秀的管理者，特别是在人际关系方面，但他手下的员工常常因为他的拖延而怨声载道。即使非常小的事，他也会拖到明天再做决定，但是明天从未到来过。有次，两名团队成员走出他的办公室相互抱怨道："他已经掌握了全部信息，也该做决定了，但还是要求我们回去做更多的事。"迪尔并非缺乏决策能力，他只是习惯于将事情拖到第二天，面对棘手的情况时尤其如此。他的部门越来越难达标，一个重大的人事问题亟待解决。他将这两个问题搁置，想要等待合适的时机，但似乎总也等不到。报告、信函和急件在他的桌上堆积成山。最终，他栽在了自己的拖延症上。他像往常一样，没有第一时间阅读一封紧急会议通知，结果毫无准备地走进了会议室。新任高管会后便将他解雇了。

拖延症患者往往喜欢思考工作，但不喜欢着手去做。在杰罗姆·K. 杰罗姆（Jerome K. Jerome）的作品《三怪客泛舟记》（*Three men in a Boat*）中，有人说："我热爱工作，它令我着迷。我可以对着它坐上几个钟头。我愿意将它留在身边，与它分开会令我心碎。"

什么是拖延症？它与为了获得更多信息而延迟做决策的行为有什么区别？准确地说，拖延症指的是有意地、习惯性地将可以完成的工作推迟到以后。这是一种该被谴责的行为。

如果你怀疑自己患有拖延症，记得问问自己："我为什么要将工作推迟？"如果你找不出好的理由（不要将理由与借口混为一谈），那么你要克制自己，尽快开始工作。"今天能做的事，不要拖到明天。"富兰克林写道。

拖延症意味着你现在要开始做的是上星期的工作。

将今天的工作推迟到明天，你只是在给自己徒增负担。明天将成为本周最忙碌的一天。

不要拖延！克制自己，不要将今天可以完成的工作拖到以后。今天过去了便不再回来。惠灵顿（Wellington）表示，自己能够获得连胜正是因为"每天按时完成了当天的工作"。

如果有人建议你推迟工作，你要对此持怀疑态度。或许他与拖延症患者接近了。睿智的人会因为缺乏信息或承诺而将某些决策或行动延后进行，但他绝不会将一切都推到明天。因为明天是时间长廊中充满最多不确定性的时刻。

你可能没听说过英国戏剧家詹姆斯·阿尔伯里（James Albery）。据我所知，他一事无成——至少他的墓志铭上是这样写的，我们无从得知这些内容出自他个人之手，还是由他人代笔。通过一些资料，我们发现阿尔伯里其实是个大忙人。下面这首小诗准确地形容了这位天生的拖延症患者，你也会这样吗？

他睡在月亮之下，

他沐浴在阳光里。

他过着"待会儿再做"的生活，

直到去世也一事无成。

拖延症——"Procrastination"一词源于拉丁语，原意为"明天"，是虚度时光的头号借口，是"时间的小偷"。如果你想提高时间管理能力，就一定要克服拖延症。严格要求自己，从现在开始完成之前推迟的工作。它可能是一件小事，也可能是件重要的大事，如未说出口的道歉、与业绩较差的员工面谈、与老板开会、处理一些棘手的问题。今天最困难的工作或许没有你想象得那么可怕。

不会委派工作的领导

一天下午，刚刚从新西兰回来的公司总裁突然把正在开每周管理层例会的首席执行官汤姆·桑德斯（Tom Saunders）叫到自己的办公室。他从手提箱里拿出最新的美国畅销书《如何委派工作》（*How to Delegate*）并递给汤姆。"这就是你的问题，汤姆。你总是将太多工作扛在自己的肩上。读读这本书吧，下周末我们一起吃个饭聊一聊。"

汤姆恼火地回到例会上。"好像我的工作还不够多似的，"他抱怨起来，"总裁居然还让我读书。我们说到哪儿了？对了，我刚问到汽油标号……"

"等一下，汤姆，"公司财务总监斯蒂芬·巴恩斯（Stephen Barnes）说，"我认为总裁说得没错。没有人比你更努力，但是你过于关注技术方面的细节了。詹姆斯（James）的技术能力很强，这是他的职责，特别是我们给了他这么高的薪水！你在干预下属的工作，至少在我们看来是这样。你似乎不够信任大家，浪费了大量宝贵的时间关注行政方面的细节，甚至做了很多别人可以完成的常规工作。如果你能把工作委派下去，就可以有更多时间思考公司未来几年的规划。"

"似乎大家都认同你的观点，"汤姆·桑德斯略带讽刺地说，"好吧，我会读一读这本书——如果我这周末能完成这些的话。"他拍了拍鼓起来的文件夹，继续说："那么，关于汽油标号……"

委派工作不仅能节省你的时间，还有助于团队成员的发展。它不会帮助组织节省时间，因为总会有人的时间被占用，但可以通过更加合理地分配资源获得更大的成果。

不会委派工作只会浪费自己的时间。记得问问自己：

"我为什么不把工作委派下去呢？"努力找出深层原因。有时候，管理者更愿意完成下属的工作，因为这比完成自己的职责要轻松和简单。

委派工作的前提在于，团队成员必须足够优秀。能力较差的员工喜欢让别人替自己思考。他们会让上级做决定或给出答案，而这些本来他们自己就可以做到。永远不要让这些员工带着问题来纠缠你，除非他们能提出可行的解决办法。十次中有九次你都可以说："没问题，就这么办吧。"最终，他们会清楚你的态度，带着最后一个只有你能解决的问题来找你。

警惕员工给上级安排任务的情形。我认识上面的案例中提到的汤姆·桑德斯，他经常接受团队成员交给他的任务。他们往往在走廊或电梯里碰见他时，顺手将杂活丢给他。作为一个任劳任怨且热心的人，他很少表示拒绝。但读过那本书以后，他显然明白了其中的道理。我曾经找他帮忙为本书写一个关于他的案例，他却叫我自己写！

你要尽量把工作委派出去。记住，委派工作需要讲究方法，虽然不复杂，但也并不容易。第10章将详细探讨这个问题。如果你想要获得节省时间的最好方法，就必须掌握委派工作的技巧。

任务清单：你是否应更多地委派工作？		
	是	否
是否经常有团队成员带着自己的工作或问题来找你，寻求建议或决策？	☐	☐
你是否会帮助团队成员完成本该由他们自己完成的工作？	☐	☐
你的工作时间是否比手下的员工长？	☐	☐
你是否习惯性地在晚上或周末将工作带回家？	☐	☐
你是否常常忙得不可开交？	☐	☐
你是否将标准定得过高，只有你自己才能达到？	☐	☐
你是否过于关注员工的工作细节？	☐	☐
你的桌上是否堆满了没有完成的工作，或者你是否在截止日期之前很难完成任务？	☐	☐
你是否将大多数时间花在工作细节上，却忽略了战略规划或其他关键的领导职能？	☐	☐
你对细节的关注是否出于个人爱好，虽然这些工作可以由别人来完成？	☐	☐
过去一年，是否有人用"过于一丝不苟"或"完美主义者"等话来形容你？	☐	☐
你是否对员工的能力和经验缺乏信任，不愿意尝试给他们更大的决策权？	☐	☐

▇ 不擅长管理的管理者

亨利·威尔逊（Henry Wilson）在桌上的一堆文件中翻来翻去。"我的办公室像个大卖场。"他叹道。文件、图书、信件不仅堆满了他的桌子，还散落了一地。"啊，找到了……我的笔在哪里？"他坐下来准备写一封回信，这时比尔·詹金斯（Bill Jenkins）走进来，围绕尼日利亚项目合同的一个小问题跟他聊了10分钟。接下来，他的秘书拿来一堆新的信件。突然电话响了起来，亨利亲自接了9个电话——1个人拨错了号码，2个人打错了部门，还有仍然没有敲定尼日利亚项目合同的比尔向他咨询另一个小问题。茶歇时间到了，他休息了三四十分钟，秘书南希（Nancy）滔滔不绝地讲着兽医给她的杜宾犬看病时都说了些什么。

午餐前，他还有时间接了5个电话，并在桌上的一堆文件中翻找一个电话号码。下午的情况更糟，不断有人贸然走进来或打来电话找他闲聊。到了五点半，亨利才刚刚写完一条有关储备原材料的简短的备忘录，而它本该在上星期就发出去。准备回家时，他发现还有5封信没拆开，其中一封信的内容是取消尼日利亚项目。所有人都以为项目会顺利开展，比尔为此浪费了他1小时的时间。显然，尼日利亚方面找到了一家能够按时交付设备的公司。威尔逊的公司有过延迟交付的记录，对方为此感到担忧。他将所有信件塞进手提包里，对南希说："我的时间根本不够用。上帝每天只给我24个小时——所有人的时间似乎都比我宽裕。"

亨利·威尔逊毫无规划。他的时间被各种文书工作占满，因此认为自己很忙，但其实并没有。各种面谈或电话使他的时间支离破碎，让他几乎没时间完成自己的工作。回到家时，他经常问自己："我今天做了什么？取得了哪些成果？"答案往往什么都没有。亨利将问题归咎于自己的时间不够，但是如果他能将工作安排得井井有条，就会发现时间其实很充裕。

要想提高文书工作效率，你要建立一个体系。第8章提供了这方面的建议。自从复印机发明以来，我们的办公室或信箱每天都会被大量文件或信函堆满。只有严格限制处理每份文件的时间（每页纸尽量只读一遍），我们才有机会提高工作效率，对于电子邮件和电子备忘录等也是一样。

如果你有秘书、私人助理或办公室经理，你可以让他们负责行政工作：将信件拆开，根据重要性排序；接电话并接待访客，将明显不重要的人和事推掉。

诚实地回答下面的问题。如果你有疑虑，可以让别人

（例如你的秘书或私人助理）检查你的答案，给你建设性的
意见。

任务清单		
	是	否
常规工作是否挤占了你应该用在重要和紧急任务上的时间？	☐	☐
你是否过于关注琐事？	☐	☐
你是否可以抵挡日常工作中的干扰因素？	☐	☐
你是否喜欢这些干扰因素，哪怕它们与你的主要职责毫无关系？	☐	☐
你的桌子和办公室是否整洁有序？	☐	☐
你的秘书或私人助理是否足够专业，能保障工作顺利开展？	☐	☐

　　混乱的状态不仅会增加工作量，还会浪费时间。你要努力保持办公室整洁有序。针对可以预知的活动建立一个应对体系，并保持下去，这样你在遇到意料之外的问题、危机或机遇时，不会手足无措。

■ 低效的总裁

年轻有为的生物学家萨利·哈德森（Sally Hodson）在32岁时被提拔为某大学微生物系主任。从未接受过领导力培训的她要领导一个包含16名学者、8名技术助理、1名行政官员、几位秘书和打字员的大部门，同时还要完成必要的教学和研究工作。

开学期间，她要参加研究小组、系、学院和学校等各个层面的会议，假期也要参加各种大会。回到家后，还有各种各样的活动在等着她：家长会、校董事会以及教区议会。

大多数时候，萨利都会担任会议主席，因为没人愿意担任这个职务。萨利永远在忙，她似乎总找不到时间为会议做准备。她在会前从来都拿不到文稿或日程（如果有日程的话）。

"大多数会议都是浪费时间，"她对丈夫说，"一半时间都在讨论会议目标是什么。最大的问题往往是参会人数过多，他们中大多是闲杂人员，这些人喜欢夸夸其谈，却没实际内容。"

"你何不想办法解决这些问题呢？"她的丈夫建议道。面对萨利关于会议的满腹牢骚，他已经司空见惯了。

"我能做什么？"萨利说，"总有人迟到早退。他们从来不按照日程上的议题发言。关于部门内应该用什么样的便笺纸这种小事，他们能聊上1小时。下一年的研究预算5分钟就谈完了。这简直无可救药。一场会议能拖到2小时以上。到了最后，谁也不知道会上达成了什么目标，更不要说付诸行动了。"

在你看来，萨利可以对这些会议采取哪些改革措施？她掉入了时间陷阱。但同时，她也在浪费其他人的时间。会议日程不断被删减；前期准备不足；会议主席缺乏控制权，导致讨论变成了漫无目的的闲聊；没有会议纪要，让参会者不清楚会后应采取什么行动。

各种各样的会议（从正式的委员会到非正式的两三人面谈）都有其他人在场，因此容易出现时间管理问题。你稍有疏忽，其他人就会侵占会议时间，尤其当他们名义上负责主持会议时。一定要在会前制定时间表，并尽量遵守。

养成思考问题的习惯，特别是在会前。下面几个问题可供参考：

◎ 如果不开这次会，可能有什么后果？
◎ 开会的目的是什么？
◎ 这次会议的成果是什么？

◎ 需要开多长时间？

◎ 参会人员应包括哪些人？

◎ 如何最高效地安排会议？

◎ 应该在什么时间开会？这是最合适的时间吗？

对这些问题未得出满意的答案之前，不要开会。会议是用来节省时间的。无论作为会议主席还是参会人员，你都要确保会议准时开始和结束，并用最少的时间实现会议目标。

■ 失去方向的培训师

丽兹·法洛斯（Liz Fellows）在一家大型清算银行的培训部工作。入职一年后，她加入了一支由30名培训师组成的新团队，目的是为管理者提供综合性的培训服务。在制定课程规划的过程中，她越来越灰心，因为这些课程不是被取消，就是几乎没人来听。她向上司抱怨道："我们浪费了太多时间，因为我们根本不知道设计课程的目的是什么。我们到底要做什么？我感到很迷茫。"

"我也是。"她的上司说，"总部的要求一直在变。这个月的重点是宣传顾客服务，上个月还是信息技术培训。我们实现了一些小目标，但没有人告诉我现在该做什么。没有人提供任何战略或政策指导。丽兹，我也帮不了你。"

丽兹·法洛斯若有所思地走开了。当天晚上，她对丈夫说："我现在更加不确定这份工作是否适合我。"

随着热情逐渐消退，丽兹开始寻找新工作。后来，她应聘到一家超市担任售货员。"至少我现在有了明确的目标。"有一次她在街上遇到前上司时对他说。"你真幸运，"对方回应道，"我还像以前一样迷茫。"

你如果没有目标，就很难有效地管理时间。多数组织和工作组甚至不清楚自己的"核心任务"，因此更难将组织目标渗透到每一天的工作中。

在这个框架内，你需要有重点意识——清楚接下来该做什么。一些关于时间管理的教科书针对如何安排工作提供了一些详细的指导。但是在判断某项工作是否要优先其他工作时，你要思考两个简单的问题：

◎ 它有多重要？
◎ 它有多紧急？

优先安排的工作应该既重要又紧急，这两个特征很容易辨认。

练习1：回顾需要优先安排的工作

在表格的第一列写下当前的优先工作（不超过5项），在后面两列分别按照从A到E顺序标注其重要性，从1到5顺序标注其紧急性。

接下来，按照综合评分重新排列这些工作。没有具体的排列标准，例如B4不一定要优先于C1，你要自行判断。

无论在生活中还是在工作中，你都要努力弄清楚自己的目标。听起来很简单，但在实际操作中，要确保目标足够明确并不容易。而你一旦做到了，那么提高时间管理的效率便顺理成章了。你将解决长期困扰时间管理的最大问题——目标不清晰。

时间管理是一项个人战

前面给出的5个案例可以帮助你找出时间利用效率低下的一些原因。找到了问题所在，接下来你要做的就是制订完善计划。

提高时间利用效率就像是提高打高尔夫球的水平。高尔夫球运动满分为18分，需要连续一杆进洞18个球。很显然，这很难实现，但这也无法阻止狂热爱好者们通过不断练习提高水平。在这个过程中，他们会变得更加谦逊。你在努力提高工作效率、合理利用时间的过程中，也可以制定类似的目标。完美主义会令人生畏，但追求卓越是你能够把控的。

为什么不重新开始呢？从头来过永远不会太迟。但是你要清楚，合理安排自己和他人的时间是一项非常艰巨的任务。不要让困难将你拖垮，可以将它视作一种挑战。

德国戏剧家约翰·歌德（Johann Goethe）曾说，一本书始于写作，终于阅读。本书提供了关于完善时间管理的指导方向和路线图，但是动力得来自你自己。

首先思考几个问题："我是否真的想要提高时间管理能力？我是否做好了准备，愿意花些时间反复阅读本书，思考其中的问题，并记下行动要点？在接下来的半年里，我是否愿意定期审核自我提升计划？"

"问题太多了。"你或许会说。没错，但我还是要强调，时间是我们最宝贵的资源。我们只有知道自己没有浪费时间，才会感觉不虚度此生。

关于重新开始

为了妥善安排生活以便利用好一天24小时，从而过得充实而舒适，最重要的准备工作就是要冷静地预见到这件事十分困难，不仅需要牺牲，还需要不懈地努力。这一点我怎样强调都不过分。

如果你以为用一张纸、一支笔别出心裁地做出一张时间表，就可以实现理想，那你最好立刻放弃这种想法。如果你还没准备好去面对失败，如果你没法接受付出多、回报少这种结果，那最好不要开始。继续躺平，这就是你所谓的生存。

很可悲，不是吗？还很压抑、阴郁。我倒觉得很好，在做任何有价值的事之前，都有必要振作精神，我很喜欢这样。我认为这是我与炉火边的猫的主要区别。

"但是，"你说，"就算我振作起来准备战斗，就算我仔细掂量并理解你这番沉重的言辞，我要如何开始呢？"亲爱的先生，你开始就是了。对于开始，没有什么神奇妙方。如果一个人站在泳池边，准备跳进冰冷的池水，问你："我该怎么起跳？"你也会回答道："随便跳吧，鼓起勇气，跳吧！"

如先前所说，时间最美妙之处在于你不能预支时间拿去浪费。来年、明天、下一小时都为你准备好了，全新的，未被使用过，仿佛你整个人生都没浪费或滥用一分一秒的时间。这着实令人无比欣慰。如果愿意，你随时可以开始崭新的一页。因此没有什么事会一直等你到下周，甚至到明天，直到你作出决定。也许你幻想下星期池水会变暖，其实不会，只会更加冰冷。

——阿诺德·本涅特的《悠游度过一天的24小时》

■ 本章要点：关于时间的常见问题

⦿ 不要放任拖延的习惯，这是时间管理的最大障碍。记住富兰克林的话："一个今天胜过两个明天。"

⦿ 将工作分配下去不会节省组织的时间，但是可以节省你的时间。它的作用在于让你有时间处理只有你才能完成的工作。你要将一切能分配下去的工作都交给别人做。但是分配工作并不意味着放弃权力：你需要根据实际情况掌握一定的控制权。换句话说，你要有所为，有所不为。

⦿ 办公室不能缺乏生气。如果你的房间或桌子整洁有序，你的行动力就会更强，也更容易提高工作效率。

⦿ 会议在任何形式的组织中都是一种必要的活动，但开会也有可能浪费时间。其他人或许不会像你一样守时，他们不介意耽误你的时间。你要在会前、会中和会后采取行动来避免这种情况。记住一个有效的办法：在会前严格规定时限。

◉ 制定明确的工作目标。可根据目前最重要和紧迫的需求对工作进行优先排序。重要和紧急的工作不一定是同一件。

消磨时间难免会伤害永恒。

——亨利·梭罗

（Henry Thoreau，美国作家、哲学家）

03

培养时间观念

"如果有人问我，高管应该做什么才能真正并迅速地提高效率、取得更多成果并乐在其中，我会告诉他：'管理好自己的时间。不要相信记忆，风险太高。'"

管理学大师彼得·德鲁克（Peter Drucker）告诉我们，要采用科学的方法管理时间。将时间置于显微镜之下仔细研究。你无法管理已经过去的时间，但可以通过客观现实的方式回顾自己的管理方式。

本章的核心观点是：你应该写时间日志，记清楚时间是如何消耗的。

根据我的个人经验，你会对结果感到非常震惊。但这可以敦促你采取行动，有意地调整时间安排。你或许需要用已经浪费的时间来警示自己提高时间的利用效率。

你可能会说，你知道如何利用时间。我再重复一遍德鲁克的话："不要相信记忆，风险太高。"无论你有多么自信，都应该尝试一下这个方法。你不会有任何损失。它可以帮助你加深印象，或者重新思考时间规划，这对你有很大的好处。

最后的成果不是掌握一门技巧，也不是让你在未来每星期都要填写一堆复杂的表格。记录时间日志的习惯有助于你培养时间观念，清楚时间都用在了什么地方，以及应该用在什么地方。

> **时间观念**
>
> 有件事，我希望你谨记，但鲜少有人知道，那就是时间的真正用途和价值。人们都喜欢夸夸其谈，但不喜欢付诸行动。即使一生都在浪费时间的傻瓜也能说出一些关于时间的宝贵和转瞬即逝的老生常谈的话。欧洲各处的日晷上刻下了不少类似的名言；所有人每天都可以听到或看到警示，知道好好利用时间有多重要，以及逝去的时间无法挽回。
>
> ——切斯特菲尔德（Chesterfield）伯爵的《致儿家书》（*Letters to His Son*）

找到10位管理者或专业人士，问问他们是如何安排时间的。至少9个人会给出相似的答案：长时间工作，难以按时交差，时间支离破碎，大量文书工作，没有时间照顾家庭，等等。他们的共同问题在于一天的时间不够用。"我都不知道时间去哪儿了。"一位经理告诉我。他是为数不多的愿意找出原因的人。

■ 记录时间日志

记录时间日志的基本方法是以15分钟为单位将未来一到两周的每一天分成小的时间段，并在每个整点记录前一个小时都做了些什么。

你可以使用最普通的台历，每天翻一页；也可以用有线条的本子，甚至直接记在电脑上。找一种自己最喜欢的方式。具体可参考下一页的表格。

当然，你需要根据自己的行业或专业修改具体的活动。举个例子，教师可以将备课、批改作业、上课、游戏和课外活动作为小标题。

起初，你需要约束自己，努力坚持下去。形成习惯以后，你不需要在这上面花费太多时间。一般来说，每天的规划时间不会超过5分钟。

即使你做好了规划，有些活动也会超时，例如你给喝咖啡安排了15分钟的时间，但实际上可能用了30分钟——因为你要走到咖啡机前排队。

到了周末，回顾一下本周的活动。你或许会吃惊地发现，用在重要任务上的时间少之又少。用于规划、思考工作任务、探索机遇和休息的时间总是被超量工作或其他日常活动所挤占。

　　这是个很严重的问题。管理者的工作效率与合理安排时间的能力息息相关。

时间日志常用符号

符号及其代表的活动	具体内容	备注
C 委员会（Committees）	所有预先安排的小组会议，不一定有议程。	
I 面谈（Interviews）	所有预先安排的正式或非正式谈话，有具体目标。	
D 讨论（Discussion）	不属于上面两项的谈话活动。	
E 教育（Education）	参加讲座、培训课程、大会或研讨会。	
F 数字工作（Figure work）	做预算、财务数据和账目。	
P 通话（On the telephone）		
S 分配工作（Dictating）		
W 写作（Writing）		
R 阅读（Reading）		
J 巡视（Inspection）	亲自巡视办公场所。	
Q 出差（Travelling）	以工作为目的，不属于上面任何一项。	
T 思考（Thinking）		
O 其他（Others）	需要详细说明。	

如果你不想经常应对危机，就要控制好时间。具体来说，要想依靠他人取得成果，团队领导就必须管理好自己和他人的时间，为当前的决策和以后的问题留出充足的处理时间。

你可能会发现自己完全不知道时间是如何消失的。记忆并不可靠，因为我们往往只能记起一天中效率最高的时刻，将效率低下或完全浪费的时间忘在脑后。正如一座古老的日晷上面的文字记载："我只记录晴朗的时刻。"相对不重要的事情占据的碎片时间并不会被记住，而这些正是有效的时间日志应该记录的内容。

坚持记录3到4天后，你可以找到需要完善的地方。例如，你或许会发现阅读报刊或整理日常报告的时间比自己想象得要长。报告是否可以交给他人整理？两周结束后，你已经积累了足够的数据，接下来可以统计各项活动花费的时间，如下表所示：

时间日志数据总结

活动	时长	百分比
1. 委员会		
2. 面谈		
3. 讨论		
4. 教育		

（续表）

活 动	时 长	百分比
5. 数字工作		
6. 通话		
7. 分配工作		
8. 写作		
9. 阅读		
10. 巡视		
11. 出差		
12. 思考		
13. 其他		

■ 回顾与反思

按照上面的办法记录每天的活动后，你要认真回顾时间的利用情况。思考下面几个问题：

◎ 时间的分配是否能体现工作重点？你是否将大部分时间用在关键任务上或核心职责上？

◎ 哪些项目占据了大部分时间，但毫无效果？如果不做这些会怎么样？

◎ 除了被同事占据的时间，每天你有多少自己的时间？这些时间是否可以被整合到一起，而不是被分割成碎片？

◎ 你是否可以加快某项工作的速度，或将其简化，而不影响组织的其他工作？

◎ 你正在做的工作如果交给团队的其他成员或秘书，是否也能很好地完成？重点关注一下反复出现的问题、日常事务或细节工作。

这些问题的答案往往体现出最重要的工作占据了最少的时间。

为了纠正时间分配的不平衡，你不妨改变按照活动分配时间的做法，开始按照目标或成果来分配时间。你必须明确自己的短期和长期目标，这是接下来三章的主题。

■ 管理者的时间都去哪儿了？

最近几年，很多人开始研究管理人员的日志或直接对他们的工作展开了调查，成果如下。

管理者大多长时间工作，包括居家做文书工作、参加商务会议以及进行与业务相关的社交活动。工作时间会随着级别的升高而加长，相对来说，有具体职责的岗位（例如会计）工作时间则较短。管理者大多非常忙碌。有位受访的一线管理者每天要处理300多件不同的事，在8小时工作时间内只能"休息"1分钟。或许因为他知道有人在观察自己！

这些人的工作时间被分成2分钟到9分钟不等的碎片，且没有固定的顺序。面对问题时，他们几乎不假思索地做决定。没有人根据重要性将问题排序：每件事都同样紧急。他们不断受到干扰。有些管理者一天要接40个电话、接待30位访客。文书工作、咨询、正式会议和巡察等大量活动混乱地交织在一起。

各层级管理者大部分时间都待在自己的部门。高管更有可能待在办公室或其他部门，而不是去生产车间。与西方管理者相比，日本高管的做法完全相反。有人问丰田公司的总裁，他为什么花费那么多时间待在车间，他回答道："我们在办公室可造不出汽车来。"管理者大多进行口头沟通，以面对面开会为主。他们与同事的沟通时间和级别成反比。团队成员往往占用管理者1/3到2/3的时间，而他们的上级只占用其中的一小部分。

规划是领导者的一项关键职责，但研究表明，极少有人擅长做规划。从日志上看，他们很少有完整的不被干扰的时间来完成这项工作。只有5%的时间被用于规划。

最后，研究表明，他们并不擅长估算在具体活动上花费的时间。例如，管理者往往高估生产、做文书、打电话、收发邮件和思考等活动的时间，低估开会和讨论的时间。

　　看到这些结果，我们要思考一个问题："管理者对自己的时间有多大的掌控力？"一位研究人员揶揄道："即使管理者想改变自己的行为，他们也没这个时间。每天只有一小部分工作是他们可以自行安排的，他们对工作安排稍做改动就会对整个组织结构产生极大影响。在开展研究以前，我一直以为高管像是乐队的指挥家，高高在上地站在指挥台上。现在，我感觉他们更像是木偶，数百个人提着线，强迫他们做这样那样的事。"

■ **本章要点：培养时间观念**

　　◉ 不要想当然地以为你了解自己是如何利用时间的。用一两周的时间详细观察和记录自己的时间安排。

　　◉ 分析和思考自己过去5天的安排、规划、争取、利用和浪费时间的情况。采取具体行动，提升某方面的效率。将你对时间的实际利用与工作职责、目标做个对比。

　　◉ 针对管理者的研究表明，大多数人都没有充分利用时间。然而，时间是最稀缺的资源，只有安排好时间才能做好其他的事。

◉ 读完本章，了解了自己如何利用时间，你应该有了更强的时间观念。时间观念非常重要，它每时每刻都在影响着你。

去吧，先生，向前冲，别忘了世界是在六天内建成的。

你可以找我要任何东西，除了时间。

——拿破仑·波拿巴（Napoléon Bonaparte）

04

如何制定长期目标

所有规划都属于超前思维。不同规划之间的区别在于看得有多远以及精确度有多高。在任何时期，向前能看到的范围都是有限度的。"向前看是明智的，"温斯顿·丘吉尔（Winston Churchill）曾经说道，"但好高骛远就很愚蠢了。"向前看超过了某个界限就变成了做梦，而不再是思考。

假设你在山里行走，近景十分清晰，而且很快就走到了；中景稍远；远景中或许还有更高的山。生活和工作的关系便是这样。

你很难区分近景、中景和远景之间的界限。它们是相连的，你只有在前进的过程中才能体会到它们的差别。

近景——距离你最近的时间，应该以什么单位来计量？秒、分、时、日还是星期？没有严格的标准，因为时间"近景"的范围受到环境因素的影响，就像你在山里行走时被雨雾遮住了视线一样，你的视线范围只有几米。又如，对于一个病人来说，"近景"可能要以分钟来计算。

尽管存在这些因素，我们仍然要明确区分近景、中景和远景，练习对三个阶段的思考和规划能力。在这里，我要借用军事术语，将它们称作战略、行动和战术。

本章的目的是帮助你战略性地思考生活和工作。你要努力向前看到更远的地方，判断前面的东西是什么形状。你是否能看清天边的地形？你需要把握住一些特征和领域（同时摒弃掉其他一些东西），并以此为指引。这些可以称作是你的战略目标，它们共同组成了你所憧憬的未来。

恰当地规划生活

人类对生活规划（制定战略生活目标）的热情最早起于美国，通过关于时间管理的作品传播到了英国和世界其他各地。在接受生活规划的理念时，你要谨慎一些。

"目标"（goal）一词最早为体育用语，指的是赛跑终点的标志物。如今它的含义还包括球类运动的进球以及得到的分数，但最常用的含义是指人们努力或向往的方向。

体育爱好者喜欢将体育语言运用到日常生活中。例如，英语中的"That isn't cricket"字面意思为"板球不是这样的"，但在英语实际表达中表示否定意思："这样做可不对。"与所有其他运动一样，为了奖金争得头破血流让板球运动变了味道，这句比喻也失去了原有的含义。

与英国文化相比，美国更加重视胜利。后者倾向于把生活看成是一场对抗赛，只有胜利者和失败者。胜利者才能享受到最好的东西。肯尼迪（Kennedy）总统的父亲常常对他说："第二名毫无意义。"

在这种文化环境中，人们在任何情况下都会首先思考："现在进行的是什么比赛？终点在哪里？获胜标准是什么？"生活目标也具有竞争性，例如成为总统，或10年内赚100万美元。很多人都想成为总统，但只能一人当选。美元数量也是有限的，但所有人都想得到它。如果一个人赚到了100万美元，另一个人或许就要少赚一些。在经济和政治领域都存在胜利者和失败者。

实践证明，制定目标非常有用。例如，肯尼迪总统为美国制定了一个10年内登上月球的目标。这是一个竞争性目标，因为俄国在理论上有能力超过美国。为了实现这个目标，美国耗费了大量人力和财力。这样做值得吗？这些资源用在其他地面项目上是否能取得更大成果？

实际上，俄国并没有在美国之前尝试登月，但是实现了其他太空探索的目标，他们也参与了竞争。太空现在成了军事争夺领域，也是大国之间开展新的"大博弈"的诱因。体育和战争是一对兄弟。

在英语中，"goal"的同义词是"objective"（目标），后者是军事理论术语，代表军队前进方向的终点。现在它的含义变成了努力方向的终点。

战略目标的概念包括战争和体育两方面的含义。战略一词源自拉丁语，原意是指"军事将领"。它是指挥官作出的正确思考和规划，是一种精密部署的艺术，有助于指挥官实现他的最终目标——打败敌人。

这些体育和军事方面的类比（现在很难称为类比了，它们已经变成了人们的口头禅，深入到了日常生活的方方面面）有深刻的意义。目标至少是清楚的。通过制定目标，原本模糊的理想变成了具体的方向。但是这些比喻只适用于某些领域，如商业领域（详见下一章）。它们不适合个人生活的所有方面。将生活比作竞赛是不恰当的，在这里，你需要做其他类比。

生活是一场前进的旅程

并非所有人都会有意识地形容自己的生活为一场旅行，但这个比喻已经深深植根于西方文化中。在这里，我要用这个比喻帮助你规划未来的生活。

假设你要规划一场旅行。你可以确定明天晚上住在哪里。我们将它作为你的第一个目标。它很具体，且容易实现。你也可以轻松地制定后面几个晚上的目标，一直到旅行的终点。终点有两层含义：时间的结束以及目标的完成。

在大约3个世纪中，"goal"一词曾超越体育的范畴，用于形容艰难旅程的目的地。它包含一种通过长期努力和历尽艰辛才能到达的含义。如果你想攀登珠穆朗玛峰或者探索南极，就要将这些地方作为目标来规划。但是，早晨坐上当地的火车到下个城镇，这很难被称为旅行的目标。当然，如果火车在半路出故障，接下来的20公里你只能步行，这也可以成为目标。

关于旅行的类比不局限于竞争领域，没有胜利者或失败者。你可以为自己制定目标，但不必争第一。但是所有类比都只在一定范围内有效。

严格来说，未来没有蓝图。你可以在地图上找到珠穆朗玛峰或南极，并规划如何抵达那里。但你在任何手册中都找不到"未来"这个地方。因此，生活更像是探索未知的国度，而不是根据地图行走。

但是你可以对未来作出大概的判断。生活是相对持续的，也会发生剧烈的变化。人们每一天都可以想象到，第二天的人类社会与今天基本一致。因此从短期来看，未来是可以预测的。假设美国总统的职位未来5年内不会撤销，那么从理论上讲，任何参议员或州长都有机会参与竞选。一整条现成的职业道路已经存在。你如果踏上了正确的道路，就有很大机会登上目标顶点。

一步步攀登对某些人来说有用，但对一些人来说并不现实。一些工作领域无法制定清晰的战略目标，私人生活就更难了。莎士比亚（Shakespeare）想过要成为世界上最著名的剧作家，然后再相应地创作戏剧吗？他不可能有这样的想法。但他小时候一定有过伟大的理想。西班牙有句谚语："如果你想象不出城堡的样子，就无法建造真实的城堡。"

你可以规划一部分时间，但无法规划整个人生。一些人会定下具体的目标，例如成为美国总统，这是他们的生活追求，但也可能成为一种束缚。目标实现后，下一步该做什么？一定要将眼光放长远，而不能紧紧只盯着一个目标。

■ 了解自己的价值观

价值是你愿意为之付出时间和精力的东西，也可以反过来理解：如果你愿意为某个人或事花费时间和精力，你会认为它比不需要付出的东西更有价值。在一定程度上，我们可以通过制定目标并全心投入来创造价值。

在时间管理领域，价值的概念非常重要。它像是北极星，可以给人指引方向。人们无法触碰到它，但是水手和沙漠旅行者可以将它作为导航，在它的引导下抵达目的地。如果未来是一片陌生的海域，而不是一条熟悉的小河，那么掌握导航技术尤其重要。

无论你是否注意到这一点，价值在指引道路方面起到了关键作用。提升导航技能的第一步是了解影响你的生活选择的价值有哪些。

这个代价是否值得？

彼得·拉金（Peter Larking）曾在一家大型化妆品公司担任营销总监，他很享受自己的工作，喜欢它带来的社交生活和高额薪酬，他还可以到世界各地出差，住高档酒店。但他有一个强烈的愿望——担任这家跨国公司的总裁。因此，他没日没夜地工作，连周末也想着工作业务。56岁那年，他得到了董事会席位，但妻子与他离婚了，他再次患上了溃疡。第二年，他得了冠心病，只能按照医生的建议放弃自己仅有的爱好——爬山。在58岁生日之前，彼得为了一个收购竞标忙得团团转（如果成功了，他就必定能获得垂涎已久的位置），甚至没有时间去医院看望病重的儿子。就在彼得就任总裁的第二天，他的儿子去世了。"虽然我从未跟儿子长时间相处过，"他对秘书说，"但他对我来说是世界上最重要的人。"

这个故事告诉我们，一定要知道自己看重的是什么，并时刻放在心上。他人的质疑可以帮助你更清楚地思考。

明确自己的价值观，并始终贯彻，但不要强加给别人。用美国的一位心理学家和哲学家威廉·詹姆斯（William James）的话说："与人交流的首要原则是不要干涉他们愉悦自己的方式，前提是这些方式不会粗暴地干涉我们。"

生活的热情

如果你想过上奢侈的生活，拥有足够的时间休息、思考和竭尽所能地工作，记住，只有一种方法：用足够的时间去思考和规划，按照重要性将事情排序。你将拥有新的生活热情，生命将更长久和充实。让所有的东西各归其位，让各项事务各有其时。

——本杰明·富兰克林

价值可以通过目标来体现，目标可以理解为价值。假如你生命中的头等大事是实现自我满足，那么对你来说，个人价值占第一位。如果你重视其他人的个人满足，这样很好；但是如果你只看重自我满足，不惜牺牲其他人的利益，你就会成为塞缪尔·约翰逊（Samuel Johnson）提到的那个熟人："爱自己，无人可比。"

▌ 政策的本质

有时候，我们很难制定明确的战略目标。这时你可以开展有目的的活动，提高自己的竞争地位，就像指挥官占据制高点一样。你可以提高自己的战略能力。即使你不确定前进的方向，但只要向前走就有机会得到意想不到的收获。记住，哥伦布（Columbus）本想抵达印度，结果发现了美洲大陆。

除了各种战略和战术——实现目标的手段，你还要制定政策和安排日常活动。它们与实践管理有什么关系？下一章会详细探讨日常活动，我们现在要关注的是政策。

政策指的是关于原则的决策。它可以在必要的时候帮你做选择。例如，你可以制定只在春天和秋天度假的政策。它并不是不可更改的规定，而是一种指导原则。它可以节省你的时间，因为你不需要每年重新思考什么时间休假。

制定政策可以由个人或组织领导者来完成。我再强调一次，政策与战略不同，虽然两者是相关的。政策是指导行动的一套原则。

从这个角度思考政策，可以避免将它看作固定的行动方向、具体的流程或路线。完全相同的情况是不存在的。从本书内容来看，制定政策的重要性源于一个事实：做决策是一项耗时的活动。如果你能提前制定好一般性的政策，就可以在每一次遇到问题时节约思考的时间，从而让自己解放出来。

政策与规定不同。企业可以制定不得行贿受贿的规定。从理论上讲，规定可以有例外。政策是一种指导，而不是规定。它的隐含意思是，实施者需要有自己的决定和判断。

但政策与规定一样，必须绝对明确，因为它的主要目的在于避免混乱不清的局面和浪费时间。政策不会一直存在。如果执行不畅，必须对它进行检查；如果已经过时或出现错误，必须修改。但如果改动得太频繁，政策就失去了原有的目的，反而会造成混乱，而且浪费时间。

▆ 本章要点：如何制定长期目标

◉ 将生活比作旅程是非常形象的，可以产生积极的效果。

◉ 有些旅程有具体的目标和路线，有一些则是探索未知的领域。

◉ 政策与战略不同。没有战略，你也可以前进。如果遇到障碍、问题或危机，你可以制定一些明确的政策作为指引。

◉ 目标感和方向感可以通过主动制定战略目标，并积极实现这些目标来培养。你可以随时根据经验进行修改或调整。

◉ 了解自己的价值观，它们决定着你安排和管理时间的方式。每年花一些时间回顾这些价值观。将它们想象成北极星，指引着你前进的方向。

◉ 避免干涉其他人的价值观。"上帝知道谁是最虔诚的朝圣者。"

如果你不知道何去何从，可以随意踏上一条路。

05

如何制定中期规划

　　行动规划在生活或工作的"中景"阶段发挥作用。在军事中，制定战略是将军的任务，制定战术是上校和下级军官的任务。行动规划处于两者之间，属于师长或旅长的职责。

　　行动规划覆盖的时间阶段和活动范围会有很大变化。对于你来说，"中景"阶段可能是未来的3到4个月，或最多一两年；但对于一家大型石油企业或跨国银行来说，这个阶段要长得多。选择最适合自己的时间长度。你可以按季度总结业绩进展，但对于未来规划，这个期限就有些短了。不管你的"中景"阶段有多长，它永远与更遥远的未来连接在一起。在这一章，我们假设这个阶段在1到12个月之间。

　　原则上来说，事情越遥远，它就越不明确。在空间维度上，我们可以借助望远镜等工具进行探索，但是我们没有"时空穿梭机"，无法看到未来。"行动规划"涉及的是不近也不远的将来。因此，它应该具有较高的清晰度，但又不完全具体。

战略规划或行动规划，哪个应优先占用你的时间、精力、才能和金钱？这个不重要。当然，从逻辑上看，战略思考才是重中之重。你如果不清楚自己想攀登远处的哪座山，就不知道应该选择哪条路。认真制定行动目标，可以为更遥远的未来明确方向。换句话说，战略正是从行动规划中形成的，它是你运用演绎或推理的方法预测未来的结果：在大致方向到具体细节之间相互推断。在某些情况下，制定行动规划可能是你唯一的选择。如果是这样，那就开始吧。

■ 制定时间预算

"效率"是指将事情做好，"有效性"要求你做正确的事。但是应如何判断哪些是正确的事，值得你花费时间去做呢？

你要坐下来思考几个问题："我在未来3个月的主要目标是什么？我必须要完成、推进或启动哪些工作？一年后，我的生活和工作会发生怎样的变化？"

显然，这些问题的答案只适合你自己。本章提供了一些建议，可以帮助你清楚地思考，确保行动规划得到有效执行，并保证它的成果达到必要的标准。

我们首先从最困难的部分开始——坐下来。靠在椅背上，你的视野会扩大。那些整天忙个不停的人往往视野有限，见木不见林。对这些人来说，他们必须有意识地做出坐下来、身体向后仰的行为，只有多次重复才能形成习惯。

将你的思维想象成一台照相机，有两个镜头。广角镜头可以展示更大范围的"中景"，长焦镜头能让你看清楚某个具体领域的细节。

爬上山顶或坐在直升机上，你可以看到更广阔和遥远的风景。假设自己在直升机上看着未来的6个月，从这个高度，整体情况一目了然。

20世纪60年代，壳牌公司将直升机视角作为成功的关键要素介绍给了公司管理层（见下表）。无论你自己经营公司还是受雇于其他企业，都应具备这种能力。

留出一些时间用于"广角规划"。第2章的案例表明，低效的管理者很难挤出时间做规划。规划不会要求你关注，但你也不要忽视它。花些时间提前思考和规划，你将得到可观的收益。规划中要包括具体的日期。

你可以带上一两名同事或整个团队到另一个地方做规划。新的环境有助于让你们放下日常工作，并获得新的视角。

壳牌公司高管的必备素质

素质	具体内容
想象力	从问题中探索出一般人看不到的可能性和选择。
面对现实	• 一个人对下一步行动的解读体现出他充分考虑了现实情况。 • 一个人几乎凭直觉选择了正确的行动路线。
分析能力	• 将复杂的问题进行分解或重组，变成多个容易理解的概念。 • 坚持分析问题，直到所有内容都得到了全面严格的检查。
直升机视角	• 从更高的视角看待问题，同时关注细节。 • 拓宽视野，在更大的环境中迅速发现事实和问题之间的关联。 • 根据个人视角的变化相应地调整工作。

■ 行动规划的作用

一般来说，行动规划包括多个目标以及实现目标的方法。

在特定时期内，假设你不是从零开始，那么不同的目标或方法应处于不同的完成阶段。这就像是管理一套投资组合，其中每只股票都有独特的贡献度和收益水平。

一方面，合理的规划应该包括完成任务的具体步骤。除了向前看，你还可以反过来思考，这样有助于避免遗漏必要的步骤。

好的规划需要回答关于"谁""什么时间""什么地方""怎么做""包括什么"以及"为什么"的问题。无论你是否有疑虑，最好找其他人来检查一下你的规划。你有可能下意识地作出了假设，而别人一眼就能看出来问题——人多力量大。

行动规划无法做到的是让目标变成现实。它只不过是设计师的蓝图，如果只有设计师而没有建筑工人，就不会有任何成果。

另一方面，好的规划会为你节省大量时间。一些研究成果表明，规划一个项目的时间越长，总项目时间就越短。

假设两个组同时解决同一个问题。A组略过了规划环节：组长是个行动派，认为思考太浪费时间。结果，A组花费了很长时间才完成任务。小组成员都不清楚目标是什么，也没有研究过备选方案。

相反，B组用充足的时间做规划，制定了清晰的目标，明确了截止时间和其他要求。大家从一些可行方案中找出了最优行动路线和解决办法。他们甚至通过头脑风暴提出了一些创意，每个人都全力以赴，很快就完成了工作。

A 组

规划	执行

B 组

规划	执行

规划与执行时间分配

评分员一开始可能会认为 A 组更有决断力，因此给他们更高的分数。但从整体效果来看，哪一方的决策更好一目了然。

"规划有助于节省时间"，这个原则在战略、行动和战术层面都适用。始终记住一点："做 1 分钟规划，你可以节省 3 到 4 分钟的执行时间。"

目标的特征

上文提到过，代表"目标"的两个英文单词"goal"和"objective"分别来自体育和军事领域。两者含义非常清楚。"objective"是具体的近期目标，射箭的靶子是一个典型的例子。"goal"较为长远，实现起来也更有难度。

我们在前面制定了未来6个月的生活或工作目标，现在，根据下面的标准来检验它。

任务清单：良好目标的特征

清晰		切合实际	
具体		有挑战性	
可衡量		各方一致同意	
易实现		有连续性	
写在纸上		值得付出努力	
有时间限制		参与性强	

你可能没有勾选全部内容，这也没关系。举个例子，一些目标无法通过量化手段来衡量，只能主观地判断其效果，因此你可能无法确定是否勾选"可衡量"。如果你只是为自己制定目标，例如参加马拉松或提高班级排名，那么"参与性强"就完全不沾边了。但你至少要勾选一大半，证明自己满足了大部分标准，否则你的目标就不够清晰，你所做的就是幻想，而不是规划了。

▓ 日常活动的时间限制

在思考未来的生活或工作时，核心思想会形成目标。例如，管理者期待得到晋升，或买一套新房子。公司希望未来6个月在东北部市场成功推出新产品。但是在这些核心思想的背后，我们还会有很多具体的想法，不能完全算作是追求目标的详细活动。这些想法可归为日常工作一类。

"日常活动"（routine）源自法语单词"route"，原意为"碎石路"，现在指一条既定的流程路线，即人们习惯性的和定期开展的工作。它像是通向家门口的路：你非常熟悉，不需要思考朝哪个方向走。因此，这条路更加常规，与探索未知的路相比不太有吸引力。

日常活动的普遍性导致我们在时间管理中很容易忽略它，但这种机械、僵化、毫无乐趣可言的工作也会占用大量时间。有时候我们不值得继续花费时间在上面。另外，我们往往不会认真审视习惯行为。

在制定下一个行动规划之前，先清楚有哪些固定的日常活动，可利用下表进行分类。你可以将目标作为标准来检验这些活动。安排一名员工记录下这些活动占用的时间。必要的话，可以将它们分解为多个小任务来仔细研究。制定切合实际的标准——你认为这些任务应当花费的时间。这样做有助于：

◎ 凸显出耗费了大量时间的日常活动。如果这是你的工作，不妨将这一部分或全部分配给下属。你可能自己都不清楚为什么会做这些。

◎ 重新规划工作。任何严重偏离规划的现象都表明你需要认真管理时间。

◎ 避免"帕金森定律"——一种拖延工作进度，从而填满工作时间的行为。

时间限制

活动或流程	时间限制

你可以将针对日常活动设定时间限制视为一项挑战。在这个过程中，你将这些工作变成了一个个小目标。

你可以在此基础上制定成功的标准，防止机械、僵化、毫无新意的日常工作消耗自己的精力。

▉ 定期审核

根据实际情况，每4到6个月进行一次进度审核。你可以将它看作一次学习的机会，因为你只有在实践中才能掌握时间管理的技巧。但是如果不用理论或原则来检验实践，它就不会有任何效果。

重点关注这一时期没能实现的目标。哪里出了问题？下表给出了4种可能的原因。不要过多地责怪外部因素，这会养成习惯。人们往往将自己造成的失败归咎于他们认为、声称或假装不属于自己职责范围内的因素。

阻碍成功的因素

你无法掌控的环境因素	4到6个月之前你是不是没有预测到这些因素？你忽略了哪些信号？
你可以掌控的环境因素	在你掌控之内的因素（例如招聘足够数量的员工），有哪些被你忽略了，或者没有处理好？ 是执行的问题还是规划的问题？
缺乏动力	4到6个月以前，你是否制定了一些自己没有动力实现的目标？ 目标要求你全身心地投入：实现目标这么难，是否因为你缺乏动力？

（续表）

缺乏制定目标的技巧	根据前文给出的"良好目标的特征"评估目标的实际效果。工作没有按时完成，是因为没有设定截止期限吗？

在这个时期发挥战略思维，你有可能出于非常合理的原因放弃或更改某个目标。例如，一个具有更大战略意义的机会突然出现，或者前面出现了新的障碍，导致你不得不改变路线。规划永远要有备选方案。你要留出一些备用资源，哪怕是你自己的时间。意想不到的机遇、问题甚至危机都是生活的一部分。明智的管理者在规划过程中会提前想到这些好的或坏的意外事件。有位管理者曾说："规划是改变想法的基础。"

本章要点：如何制定中期规划

◉ 培养"直升机视角"——从更高、更远的角度审视当前的工作。用战略思维规划工作，制定关键的行动目标。

◉ 规划是你努力的方向，但它只是行动的一半，另一半是将它付诸实施。记住，规划可以通过缩短执行时间来节约总体时间。

◉ 目标一定不能模糊。为自己和他人制定目标需要一定的技巧。目标应当与真金白银一样有自己的印记，标明具体的内容和可衡量的成果，以及明确的截止时间。

◉ 你只有亲自制定目标并审核最终成果，才能掌握这种技巧。如果成果有限，在截止时间以后进行反思，在前文给出的"阻碍成功的因素"中找到是哪一点导致了自己的失败。同一个错误不要犯三次。

◉ 实现目标的方法要灵活。尽量不要更改目标，除非有更好的机会出现或被外部因素阻碍，而且目标的更改要缓慢进行。

你若想要梦想成真，就必须为其腾出时间和空间。

06

安排好今天的时间

"您有这么多年的管理经验，能否为管理者们介绍一条黄金法则？"在伦敦的一场大会上，有人向管理学大师彼得·德鲁克提问。

"我没有管理经验，但作为局外人，我观察过很多管理者，"德鲁克回答道，"黄金法则就是问问自己，你每天上班的意义是什么——不要告诉我是为了工作。你能否想到两三件事，如果做得足够好会产生重大影响？如果你能做到这些，接下来的事情便水到渠成了。"

前面关于战略和行动规划的内容可以帮助你回答德鲁克的问题。现在你已经对自己和未来有了明确、有条理和真实的想法，下一步是在战术层面，透过"长焦镜头"自信地作出进一步规划。

本章将介绍如何有效地规划眼前的时间，也就是今天。一天是自然的时间单位。昨天已经过去，明天尚未到来，今天才应该是时间管理的重点。

■ 对时间的态度

在管理一天的时间之前，每天早晨你都要问问自己："我是否活在当下？"有时候，人们很难完全活在当下。出于多种原因，昨天或明天对你可能更有吸引力。

你还可以思考另一个问题：与明天或昨天相比，你如何评估今天的价值？这种想法是否有助于你认真体会今天的快乐和难过，并把握当下的需求和机遇？

有些人会说，只有今天是真实存在的，但谁也不能对此充分肯定。从某些角度看，昨天也是真实的，明天或许也如此。如果你认为"真实"意味着你现在就能看得见、触摸得到或体会得到，那么，你的理解就有些狭隘了。真实性在一定程度上是一种主观的价值判断。如果你认为明天的价值大于今天，那么明天对你来说就更加真实。

"逃避现实"是有意或无意地将思维转移到想象或休闲活动上，从而逃离当下的现实或日常工作；或者活在对过去或未来的想象中。当然，逃避现实本身不分好坏：我们偶尔都会这样做，因为大脑和身体都需要休息。但习惯性的逃避就有问题了：它会妨碍我们有效地管理时间。

哲学和宗教要求人们自由地活在当下，从对于明天的关注或焦虑，以及对于昨天的懊悔或愧疚中获得信仰。它们让我们对过去心怀感恩。因此，我们能记住过去，但不会每天都回味它。我们对未来也会产生希望，一种与积极乐观有别的态度。

全心全意地活在今天是一件非常奇妙的事。完全沉浸到当下的活动中本身就是一种不可思议的体验。

大多数人都达不到这种理想状态，因为今天被限制在昨天和明天之间，每分钟和每小时被前后的时间所限制。"瞻前顾后，追求不存在的事物"是人的本性。这是一个关于平衡的问题。前面讨论了如何规划有限的未来。个人和企业都要思考自己长期和短期的未来，并作出切实可行的规划。今天对于实现这些规划有重要的意义，但它也有自己的领域。

在我看来，今天处于所有昨天之后、所有明天之前。我可以在今天反思和回顾过去，也可以展望未来，找出指引方向的那颗北极星。但它也是个独立的概念，有自己独特的人群、需求、责任、机遇、希望和担忧。有些人会将它与未来联系在一起。但我无法预知未来（除了偶尔的灵光一闪或突然蹦出来的直觉），这才是乐趣所在。只有在未来的某一刻回顾过往时，我才能看清哪些东西最重要。

我们的注意力从对过去的反思中缓慢而坚定地回到今天。至于未来，它尚未到来。今天出色地完成工作就是对未来最好的准备。但是如果今天的任务以昨天的成果为基础、为明天的工作打基础，你就要谨慎地规划时间。

我认为，每天思考未来或过去的时间不宜超过10%。当然，专门用于规划或总结的时间不属于这一类。

■ 记录年度日记

日记是时间规划的有效工具。看到下一年的日记本，我们往往由衷地感到开心：空白的页面代表着一年的希望。

日记的类型或格式由你自己决定。很多人喜欢使用办公室的大号台历——每天一页，秘书、助理或团队成员可以共同使用，并以私人袖珍日记本为辅助。新技术的发展使得电子备忘录、印象笔记等逐渐替代了纸质日记本。

当然，我们有必要把时间排满，否则别人就会发来会议邀请。

商店里有各种各样的时间管理类的日记本。有些提供了18个月或两年期的时间规划表，如果你要做长期规划，可以用这种日记本。至于要规划多远的未来，你最好有明确的标准。原则上可以将所有选择包含进来，但不要规划得过于长远，除非你心里有底，否则就像签发支票一样，做起来很容易，到了结算日就会很痛苦。

我个人最喜欢活页记事本，可以将有用的信息添加到每页日记后面，或者将关键目标记在某个日期之后，提醒自己它们之间是相关的。

> **规划一天的时间**
>
> 　　每天早晨规划一天的活动，并认真执行的人可以在忙碌的生活中走出一条清晰的路。对时间的有序安排就像是一道光，照亮所有活动。而一旦没有规划、任由偶然事件随意占用时间，就会一团糟。
>
> 　　　　　　　　——维克多·雨果（Victor Hugo，法国作家）

　　拿到下一年的日记本以后，将假期、家庭纪念日和非工作活动（例如当地委员会或理事会组织的会议）圈出来，这些是你已经被占用的时间。同时，将下一年的所有工作写上去，把重要活动的截止日期标出来。

　　空白的日记本似乎一下子就被填满了。但是其中仍然有空白，认真安排这些时间必须是你关注的重点。

■ 日常活动清单

　　制定一天的活动安排是一种重要的自我约束。将你必须完成的工作，以及空闲时间想做的事写下来。不要过于依赖日记，它不可能记录一天当中的每一分钟。将这些活动列成一个清单。随着经验的积累，你逐渐可以在脑中完成，并将记日记作为辅助记忆手段，在活动集中的日子可以将清单手写或打印出来。

为所有任务设定时限。养成习惯，估算每项工作（例如面谈或写报告）所需要的时间。事后记得检查自己的估算是否准确。

然后将重点工作圈出来。重点工作有两个特征：紧急和重要。给车换轮胎很紧急，但不重要。制定下一年的营销战略重要但不紧急。在今天下午四点半的会议上向首席执行官介绍新的销售计划，这既重要又紧急。

有些工作可能不紧急也不重要，但值得首先完成。在这里，你可以参考"时间收益比"。如果任务收益巨大，且占用的时间很少，你尽管去做。在开展重要工作（例如给大客户写信推荐新产品）之前，可能有几个小任务需要分配下去。你可以花几分钟时间将任务分配给相关人员，这有助于他们了解工作进展。

有些人喜欢用一套包含字母、数字、颜色或符号的标识来体现优先顺序。以字母为例：

A：今天必须完成的工作

B：今天应该完成的工作

C：今天可以完成的工作

对于 A 和 B，你可能连一小半都完不成，但是别担心。只要完成了自己心目中的优先工作，就实现了时间管理的目标。

千万不要用几分钟在一张废纸的背面草草安排一天的时间，要合理规划每天的活动。有些人喜欢在早晨开始工作之前做规划，另一些人选择前一天晚上睡觉前安排第二天的时间。后者的好处在于，你有更多的时间去思考。休息一晚后，你可能会想到其他需要添加或修改的内容。潜意识思维就像在后台运转的计算机一样，会作出修改。

检查一天的规划，看看是否有遗漏，或者是否有零散的碎片时间可以更好地被利用起来。德国哲学家弗雷德里希·尼采（Friedrich Nietzsche）曾经说："一天有一百个口袋，能装得下很多事。"如果你能提前找到这些口袋，就可以安排活动将它填满，例如写封信或打个电话。

要注意：如果你发现自己将清单上的一个项目推到了另一天，警惕自己是否有拖延症。认真检查这项工作和整份清单，确认自己不是拖延症患者。

另外，还要灵活应变。有些人（例如家人或重要的客户）可能要占用你的时间，而且他们比下一项工作的优先性更高。

现在最重要的是什么？你必须时常思考这个问题。答案需要根据具体情况和当下的需求作出，而且不能与长期目标产生冲突。这实际上是一系列价值判断，要求你有意识地通过思维训练培养精确的时间观念。

宝贵的建议

查尔斯·施瓦布（Charles M. Schwab）将伯利恒钢铁公司发展成了世界上最大的独立钢铁制造商。有一次，他在宴会上向同桌一位叫作艾维·李（Ivy Lee）的管理顾问提问道："如果你能提出一个让我提高工作效率的办法，我就会支付给你合理的费用。"艾维递给他一张空白纸。"每天晚上把你第二天要做的事写下来，"他说，"然后根据重要性编号。第二天从第一项做起，把它完成，然后再开始第二项，以此类推。不要担心是否能完成所有项目。如果通过这种方法你都无法提高效率，那么其他办法也不会有效果。每天做一遍。"

不久之后，施瓦布给艾维签发了一张 2.5 万美元的支票。他后来说，这是他在职业生涯中上过的最好的一课。

每天睡前用几分钟时间制定第二天的活动清单，这种方法广受好评。成功的管理者经常称赞它是管理时间的最有效途径。如果将准备工作推到第二天早上，你很有可能仓促或敷衍地完成，因为其他工作也要启动了。最终，紧急的事情会占据首位，而本应排在前三位的重要工作被挤到后面。

假如每天的规划效果不佳，你首先要想一想："我是否至少完成了优先工作？"如果答案是否定的，或者模棱两可的，你就要思考下面几个问题：

◎ 你每天要做的是不是太多了？

◎ 有些任务没完成，是否因为你当时还没有准备好？

◎ 对工作描述得是否足够清楚？

◎ 你是否很难做决定？

◎ 你是否掌握了所有必要信息？

◎ 你是否由于压力过大而对一天的安排不充分？

◎ 你是否因为某项任务太难或者太枯燥而放弃了它？

◎ 缺乏信心是否成了失败的根本原因？

通过解答这些问题，你首先可以确定时间规划是否符合现实。如果是，那么问题就出现在执行层面。

大多数无法按计划完成工作的管理者都存在同一个问题，可以概括为：受到干扰。有些干扰有充分的理由，有些则毫无意义。

对于值夜班的医生来说，半夜受病人干扰属于他们的职责范围。但有些干扰就像迎面而来的狂风，会导致我们偏离路线。为了克服这些干扰，你要学会一个简短而节省时间的词："不。"

▇学会说"不"

工作效率取决于你是否清楚不必做什么。过分的投入必定会导致失败，还会摧毁你的健康。

"艾德里安·莫尔"系列畅销书作者苏·汤森（Sue Townsend）40岁时曾心脏病发作。"我都没发觉自己有多忙，"她坦白说，"任何人叫我做事，我都会去做。我从来没拒绝过他们，可能是因为缺乏安全感。但自从心脏病发作，我就在改正这一点，在回答别人之前，我会表示要考虑一下。"

如果有人占用你的时间，你可能很难拒绝，因为担心对方会埋怨自己。你要学会巧妙而坚定地拒绝他们。

不要误解我的意思。我并不反对你帮助别人。我指的是你嘴上同意，心里却在抗拒的情况，因为你可以将时间用在更重要的事上。

如果你想拒绝，尽量第一时间说出口，这样可以避免让对方空欢喜一场。"让我想想"或者"我不太确定"这种模棱两可的说法会让人产生希望。当然，如果你确实不太确定，要尽量拖延时间，可以让对方提供更多信息，例如提供书面申请，介绍更多背景情况。

记住，你有拒绝的权利。虽然说明原因通常是一种礼貌的表现，哪怕是编出来的理由，但你不必每次拒绝的时候都找理由。保持礼貌永远都不会出错，但也要保持敏感。你或许认为自己有更重要的事情要做，但对方不一定这样想。孰轻孰重会随着人的视角变化而变化。

■ 时间狂热者

现在，你对时间管理的热情和熟练度越来越高，但是很容易走向极端。作家阿诺德·本涅特曾经提醒读者警惕"变成一个不受欢迎且不合群的——自命不凡的人"。他将"自命不凡的人"定义为"令人厌恶的人，一旦有了新的发现便洋洋自得，而如果别人没有赞美他，他就会非常生气"。

因此，你在安排时间时要记住，你的目标不是别人的时间，而是你自己的。地球早就存在了，无论你怎样利用自己的时间，都不会影响它的旋转。克制自己，不要过度谈论自己的新爱好，或者在时间管理方面表现得太夸张。不要埋怨你的爱人、孩子、老板或团队成员浪费了你的时间。最终你会发现，你能做的只有管理好自己的时间。

另外，日常活动清单是优秀的助手，但不是合格的主人。你要尊重它的内容的安排，但不能将它奉为神明。它只是个工具，不是用来崇拜的偶像。"对自己的安排给予适当的尊重，不能太多，也不能太少；对于经验不足的人来说，这不容易做到。"阿诺德·本涅特总结道。

日常工作清单很可能在人们的生活中实行专制。剑桥大学历史学家乔纳森·斯坦因伯格（Jonathan Steinberg）博士说过一些话，可以防止你变成时间狂热者：

> 不速之客会打破你的生活规律。时间本来已经安排好了，因此你没有时间帮助他人、放松一下或在街上跟人聊聊天。
>
> 放松永远是在完成所有工作、回复完所有信件、打完所有电话以后才能做的事，但这一刻永远不会到来。在这之后总会有更多的工作和信件，因此生活被无限地拖延到"以后"——直到一切都太迟了。笼子里的仓鼠都有它的自由。

有效利用时间是一种理想状态，但你永远也不能沉迷其中。只要培养了正确的价值观，就不会沉迷。不要忘了管理时间的目标是什么。如果出现了更重要的目标，你要灵活安排。日常时间管理的一个目的正是腾出一些时间来应对意料之外的事。因此，你要用最少的时间来完成必要的工作。不捕鱼时，记得补网。

■ 本章要点：安排好今天的时间

◉ 战术规划的对象是当下的每一天。

◉ 检查自己对当下的态度。如果不利用好今天，反而沉迷于昨天或明天，你将一事无成。

◉ 制定日常工作清单，并按照优先顺序排列。最好在前一天晚上完成，这样可以有一整晚的时间来思考。

◉ 晚上简要回顾当天的成果，分析成功和失败的原因。不要找借口，挖掘出真正的原因。

◉ 学会拒绝别人，否则你就会成为别人的奴仆。

◉ 提高效率的同时还要保持谦逊，这并不容易。练习时间管理可以让你为社会和他人作出更大贡献，而不是对他们评头论足。

◉ 不要被日常工作所奴役。时间管理的目标是缓解自己的时间压力，获得更大的工作和生活成果。你总会有时间来完成重要的工作。如果某件事很重要，你一定能腾出时间。要享受目前的工作，不要因为没时间做某件事而后悔。

忙是不够的。问题是：你在忙些什么？

——亨利·梭罗

07

充分利用黄金时间

时间的质量比数量更重要，因此我们应该关注的是时间的"质量控制"。其中的首要原则是充分利用自己的黄金时间。

本章的第一个目的在于帮助你找到自己的"黄金时间"（或"优质时间"），从而完成高质量的工作。这种工作往往离不开思考，所以本章的第二个目的就是提醒你如何有效地利用自己的大脑。

你可能认为你非常了解自己，但研究结果往往出人意料：大多数管理者都不清楚自己什么时候思维最活跃，或者在规划时间时没有考虑到这个因素。因此，他们的优质时间大多浪费在了低效的活动上。

找到黄金时间

玛丽·斯坦纳德（Mary Stannard）的丈夫曾在美国一家制药公司担任销售经理，后来被解雇了。由于一直没找到合适的工作，一年后他和玛丽决定用公司给的赔偿金买下一家杂货店。不久后，玛丽发现自己真正的兴趣和特长是在新闻方面，但是她生孩子时辞掉了之前的秘书工作，后来再也没上过班。现在，玛丽下定决心，每天送孩子上学、做完家务、帮丈夫处理完店里的事情、记完当天的账目、照顾好住在附近的年迈的母亲以后，她必须坐下来写点东西。毕竟他们需要这笔额外收入。"我可以帮忙，"她的丈夫主动提出来，"每天晚上我可以做晚饭，然后哄孩子们睡觉。"但是到了下午五点，玛丽终于可以坐在电脑前时，她已经累得不想思考了。她应该怎么做？

▮ 如何确定自己的黄金时间？

黄金时间是指你的工作效率最高的时间。你可以通过实验的方法来确定。对你来说，黄金时间可能是早上，也可能是下午或深夜。丘吉尔最喜欢在深夜和清晨工作。他不会起床后立刻吃早餐，而是躺在床上读报纸和信件或者会见访客。

有些人在中午或下午效率最高，但大多数人都是"早起的鸟儿"或"夜猫子"。你要在黄金时间开展创意思考或具有重要战略意义的工作。

利用自己的黄金时间

　　玛丽·斯坦纳德的一位朋友在书上读到了如何高效利用自己的黄金时间的方法，于是建议她将家务和记账等杂事推到下午，并且只在午餐和闭店之前（店里最忙的时刻）给丈夫帮忙。玛丽找到了解决方法。她每天早起一小时准备午餐，在上午9：30到11：30之间写作两小时。"实际上，我在这2小时内能完成5小时的工作量。"一星期后她对丈夫说。一年后，她成了当地报纸的兼职记者，也为多个国家级期刊定期撰稿。

　　研究表明，很多人在清晨的思维最清晰。为什么？这与精神和身体的疲劳有关。管理者完成一天的工作回到家以后，往往会感到精神疲劳。他的眼睛和面部肌肉都僵硬了，脾气也暴躁起来，不愿再思考。即使他必须在这个时间做决定，效果也不一定好。他想休息一下，但各种想法仍然会涌进他的大脑。缓解精神疲劳的方法不是继续工作，而是进行休闲娱乐或室外活动，或者任何让自己感兴趣，但不需要动脑的事。

　　几年前，有人专门做实验来计算大脑的疲劳程度。实验对象要从中午11点到晚上11点连续不停地做四位数乘法运算，一共做了67组。平均每道题的时间从开始的5分钟延长到了最后的10分钟。当然，这是疲劳导致的。

另一个人在工作一天后，从晚上11点开始做同样的乘法运算。做前20道题时，他的速度与第一个人差不多，总共花费了一个半小时。接下来他的精神垮掉了，一道题用了20分钟。很显然，这里出现了另一个因素。

对于人类来说，日出而作、日落而息是一个基本规律，很难打破。一个值夜班的人即使白天补了觉，他也会感到疲倦。

即使你整晚都醒着，破晓时你的生物钟也会提供新的一波能量。这种规律的模式和强度会根据每个人的性情、习惯和天气而有所不同，但是它对人的影响非常大，所以我们有必要将创意工作或繁重的任务安排在能量值最高的时刻——一般在早餐前后。对于大多数人来说，早晨最适合开展困难的或需要集中精力的工作。"有趣的"事情（包括会议或社交）可以留在效率较低的时间段，给自己一些激励。

记住，在疲劳感变得严重之前，一定要及时缓解，这样有利于节省时间。疲劳程度越低，你需要恢复精力的时间就越少。最好在汽车彻底报废之前用较低的价格更换零件。休息非常重要。你可以在午间的一小时休息时间出门走走，或者至少暂时离开办公桌和电脑。最好的休息时间是早晨或下午集中工作之后，例如中午11点和下午4点。短暂的休息过后，我们往往会更加努力工作。

要合理安排休息的时长。休息的价值取决于其长度和方式。休息太久会浪费时间，或者削弱你的工作动力，从而造成直接的损失；而如果太短，你就无法缓解疲劳或恢复精力。

现在你应该可以理解为什么说早餐前的一两个小时对很多人来说是黄金时间了。你可以充分利用清晨的大量精力。甚至对于很多人来说，早餐也是一天中最提神的一顿饭。最重要的是，当其他人还在睡梦中时，你可以享受独处的寂静。好处还不止这些。你的思维引擎一旦发动起来，那么在早餐后的重要时段（从上午9点到中午）可以轻松地保持高速运转。另外，早起容易产生自我满足感，也会让你比晚起的人更有效率。

养成早起的习惯可能有个弊端：到了下午和晚上你会更容易犯困，你可以在中午休息时间小睡片刻。也许随着年纪的增长，你也不需要太多睡眠。但是没有任何规定要求你必须每天同一时间起床。你要做的仅仅是保持思维的灵活性，还有定好闹钟。

如何提高创造力

创造力强求不来。如果你在思考问题时陷入了困境，最好先将它放在一边，让潜意识去接管。思维虽然需要用时间来约束，但是它不会按照时间工作。有时候，答案会在深夜突然蹦出来。

掌握深层思维（我将它解释为大脑的潜意识和无意识活动）的原则可以为你开启一扇大门，帮助你充分利用自己的黄金时间。很多人仍未意识到深层思维可以帮助自己完成重要的思考活动，例如在他们从事其他活动时可以将某些部分整合成新的整体，或者建立新的关联。

把大脑想象成收件箱。你或许以为可以每天早上用一个小时处理深层思维收到的邮件，但事实并非如此。大脑每时每刻都在接收信息。

创意思维包含以下步骤：

准备：较为困难的阶段。你需要收集相关信息并进行分类，尽量透彻地分析问题，并探索可行的解决方案。

孵化：这个是深层思维阶段。潜意识会继续开展思考（分析、整合、评估）工作，将问题分解成不同的部分，并产生新的组合。这里可能会用到储存在记忆中的其他内容。

洞察：灵光一闪的时刻。新的想法会逐渐或突然出现在你的意识里。这种时刻往往不会在你琢磨问题的时候出现，而会在大脑放松的状态下到来。

验证：在这个阶段，你需要发挥评估能力。要对新的想

法、洞察到的内容、直觉或解决方法进行全面的检验。如果
这些是行动的基础，检验工作就更有必要了。

如果你利用黄金时间苦苦思考却没有结果，最好停下
来，不要再花费更多时间研究问题，试图找到新的解决方法
了。一般来说，你会因为思维遇到了障碍而感到沮丧。

分析问题或制定目标的过程本身就是训练大脑的方法。
可行的解决方案和行动路线应该瞬间浮现在脑海中。如果
出现延迟，说明大脑的深层思维开始启动，作出了应有的
贡献。

你相信深层思维吗？我所说的相信不是指你接受它的存
在，或者认同它可以帮助一些人发挥创意。我指的是一种个
人信仰。你是否信任自己的深层思维？你是否知道它有能力
和意愿为你服务？

如果你毫不犹豫地点头，或者谨慎地表示"但愿如
此"，那么你就会相应地采取行动。基本原则是顺应自
然，而不是违背它。在《高效决策：实现创造性决策的必
备思维》(*Effective Decision Making: The Essential Guide
Thinking For Management Success*)一书中，我介绍过思维
的自然工作流程，其中包含深层思维的维度。通过本书，你
将了解准备阶段对于创意思维的重要意义：认真且清楚地分
析，有意识地想象或整合（例如头脑风暴等方法），并主动

地利用大脑的评估功能。

思维的障碍

缺少事实	如果你怀疑自己没有掌握全部相关事实，你就会感到犹豫，难以全心投入，这时你可以多做些研究。
缺乏信任	或许你对这个项目，或者别人交代的工作方法缺乏信任。重新制定一个值得争取的目标。
缺少起点	或许任务范围太大，你不知道从哪里下手。随便找个起点，以后可以随时更改。灵感是在工作中产生的。
缺少视角	可能你离问题太"近"了，特别是如果你已经思考了很长时间，而且从来没放下过。试着将它放下一个星期。向他人咨询意见。将问题描述一遍，他们有可能会给你提供新的视角。
缺乏动力	你有多想找出答案？创意思维要求你在面对困难时愿意坚持。如果你轻易将它放在一边，这可能表明你的内心深处缺乏必要的动力。此时需要重新激发自己的动力。

如果你想在早餐前做实验，那么最好前一天晚上做好准备。把自己想象成一名装修工，需要在第二天刷墙之前刮掉墙皮、填补漏洞并刷好底漆。

■ 深夜思考

有时你深夜醒来，脑子里会有大量想法在碰撞。要灵活处理，不要认为自己躺在床上就一定要努力睡着。趁着这些想法还清晰，将它们记下来——可以在床边放一个笔记本。想着想着，你就会睡着了。从这个角度看，深夜的思考可以有效解决失眠问题。

■ 帕累托法则

"帕累托法则"以意大利一位经济学家命名，指的是整体的一小部分会产生最重要的影响。例如，20%的销售人员可以创造80%的新业务。这个概念适用于很多领域，因此也称为"二八法则"或"重要的少数与琐碎的多数"原理。

有些作家利用这个法则进行时间管理，它对于处理日常活动尤其有效。在每天的工作清单中，两三项任务可以创造大部分收益。将它们找出来，并分配完整的大块时间。

"帕累托法则"还适用于每一天的时间分配：80%最有成效和创造性的工作是在20%的时间内完成的。但是这

20％的时间没有固定标准。现在，你应该已经找到了属于自己的4至5个小时的黄金时间。

■ 本章要点：充分利用黄金时间

◉ 黄金时间是指工作效率最高的时间。大多数人的黄金时间是早晨到午餐之间的几小时。你要利用这个时间段完成最重要的工作。早起的鸟儿有虫吃。

◉ 通过认真研究创造性思维的法则，你可以充分利用自己的黄金时间。在准备阶段认真分析问题和收集信息会创造巨大的价值。了解自己的思维方式，特别是深层思维，有助于你顺应自然规律。

◉ 法国微生物学家路易斯·巴斯德（Louis Pasteur）曾说："机会只偏爱有准备的头脑。"

◉ 大多数人都有过早晨起来突然想出解决问题的办法的经历。这是因为深层思维在默默地工作。创意经常在清晨出现。你要像垂钓者一样耐心地在河边等待，准备随时将它们抓住。

◉ 深夜思考是指利用半夜醒来的短暂时间思考。如果思维活动产生了有效的成果，把灯打开，将它们记录下来。曾有一位企业家在梦中得到了关于新产品的创意，却忘了将它记下来。第二天他忘记了具体内容，懊恼万分。所幸他当晚又做了同样的梦，醒来赶快写了下来。现在，他已经成了一名百万富翁。

◉ 大约80％的成果是在20％的时间中产生的。你连这20％的时间都不会管理吗？从明天开始，规划好这一天中的4至5个小时，你的生活会发生巨大变化。

大脑追求的是最高效的果实，而不是疲惫的残渣。我想它一定求质不求量。

——乔治·麦克唐纳

（George MacDonald，苏格兰作家）

08

办公室的时间效率

大多数人都在办公室工作。办公室有很多种——从大型公司总部的豪华套间，到专业人员或个体户自己单独的办公室。

在管理时间的过程中，你逐渐会发现办公室生活可以对你产生威胁。办公室通常有其他人在。这些人可能无法高效利用自己的时间，甚至会占用你的时间，他们还有无数种方法让你前功尽弃。

不要误解我的意思。我完全认可团队合作的价值，大多数工作都需要团队合作。但高效的团队和大多数工作组之间存在巨大差别。前者的一个特征是，每一位团队成员都合理利用自己和他人的时间。

很多产品上都有公共卫生警告标识，办公室门口也应该贴上类似的标识："这间办公室会浪费你的时间！"

判断你的办公室是否属于此类不能仅仅依据同事或员工的工作态度和技能水平。将办公室想象成非洲丛林里的一个水坑。捕食者知道在某些时间点一定能在这附近找到猎物。

浪费时间的人也清楚，当他们想占用你的时间时，应该去哪里找你。

本章的目的是帮助你将办公室改造为高效工作的平台。读完这一章，希望你能掌握办公室的时间管理原则，并学以致用。

办公室的布局

如果工作区域凌乱不堪，你就很难有效利用时间。当然，你不能过分关注办公家具。有些人就会对地毯或办公桌的质量感到焦虑。但是你要尽力打造一个布局合理的办公室，让自己有充分的空间高效地开展工作。

你与他人在办公室布局方面会有不同的喜好，工作习惯也各不相同。但是你要根据下文介绍的成功高管具备的习惯来衡量自己。或许你已养成了一些不好的工作习惯，如果是这样，你必须改正。

办公室要根据你的工作需要来布局。你最常用的设备和材料应放在你旁边。例如，如果你经常使用打印机或复印机，这些设备必须触手可及，这样就不至于让你在使用时对其他人和事造成干扰。

舒适和美感也是重要的因素。如果文件高高堆起，桌子上还放着昨天的咖啡杯或落满了尘土，窗户没擦干净，或者装修风格很沉闷，你走进办公室就会感到压抑。如果办公室装修风格清新明亮，墙上挂着一些令人愉快或振奋的图片，每个人都会动力十足。

光线充足有助于避免眼睛疲劳或头疼。桌面台灯的聚光效果比顶灯更好，而且会让人在说话或走路时压低声音。

要舍得花高价给自己和员工添置舒服且设计合理的座椅。背痛和腰肌劳损已经十分常见，尤其是对于长期坐在电脑前的人来说。听取专业人士的建议，给员工购买舒服的座椅和其他办公家具，缓解他们的身体疲劳。

认真检查办公室的布局。如果你是高管，办公室最好安排在工作区域和会议室附近，可参考下面的图。

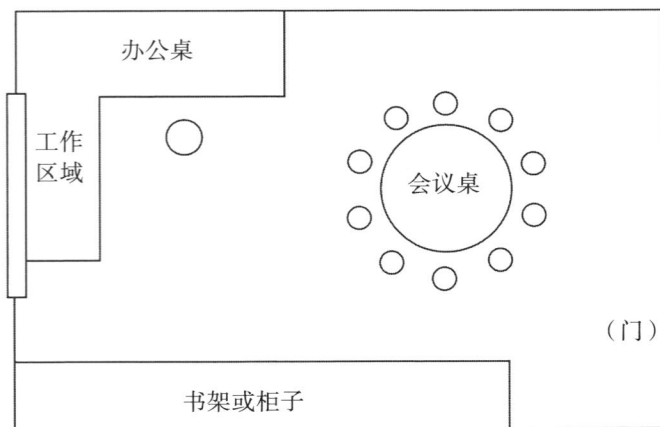

办公室布局

将办公桌放在背对过道的一侧，这样有人来找你时，你需要转过身面对他。如果你隔着桌子与别人说话，桌子就会成为你们之间的障碍。

如果你经常用右手写字，尽量确保光线从左边照过来。不要直接面对窗户，这样可以避免经常看向窗外。

最好有足够的台面。可以将办公室看作一间厨房。光有办公桌是不够的，你还要在办公桌旁或身后放一个书架或柜子。

如果你经常出差，可以安排专门用于挂衣服和放行李的空间；但是如果办公室不够大，一个小衣柜就足够了。

你会发现，上图中的会议桌是圆形的。想一想传奇的亚瑟王（King Arthur）和他著名的圆桌会议。与长条桌不同，亚瑟的圆桌避免了骑士间针对座位顺序进行无谓的争吵。没有人抱怨自己没有坐上席，或者离国王不够近。

圆形会议桌彰显了参会者地位的平等。它强调了会议的本质：所有人应自由平等地表达观点。"每当我们有问题，"壳牌公司的一位经理说，"我们会把相关人员召集起来一起讨论，每个人都有平等的发言权。我们经常从下级员工那里得到不错的想法。他们能自由参与讨论，这一点非常重要。圆桌既实用，又合时宜。"他曾接受某个员工的建议，为办公室购置了一张圆桌。

■ 桌面管理的艺术

除了与手头工作有关的文件，你的桌上不能有其他东西，这样可以确保你一次只想一件事。集中精力是节约时间的好办法。

下次坐下来时，客观地审视一下自己的办公桌。上面是不是堆放着大量文件和信函？如果是，这会让你有一种自己忙得不可开交的感觉，从而产生压力和沮丧的情绪。将桌面整理干净，减少找东西的时间。如果不确定怎样处理某个东西，思考一个问题："如果我把它扔掉，最坏的结果是什么？"

保持桌面整洁有序有助于节省寻找各种东西的时间。记住，所有东西都有自己的位置，要让它们各归其位。

你的桌子既是工作台，又是工具箱。很多管理者仅仅把它当成了四方形的废纸篓、零碎物品的仓库或用于堆放各种文件的平面。有位管理者认真记录自己的时间，一个星期后，他发现自己在桌面或抽屉里翻找文件总共花费了1小时17分钟！

▍文书工作

将文件整理好、把没用的东西丢掉之后，现在你可以处理每天通过各种途径出现在你办公桌上的新文件了。

最好的办法是每页纸只看一遍。这也被称为"百万英镑"法。使用这种方法的管理者每天可以节约一小时，一年可以节约220个小时。在放下备忘录或退出电子邮箱之前，一定要完成回复。刚刚读完信件的时候思路最为清晰，因此是回复的最佳时间。

有人会说，重要的东西值得多读几遍。当然，有些决策需要深思熟虑，你没办法立刻表态。如果是这样，你可以做些事来推进文件中提到的项目，哪怕只是征求意见，或者决定何时再次考虑这件事。

你需要反复练习和坚定意志，才能果断地处理信件、报告或电子邮件。这是处理文书工作的关键方法，因此值得养成习惯。

如果在周末或休假结束后回来上班时，你发现桌子上有成堆的文件，或者邮箱已被塞满，不要惊慌。参照下面表格，按照重要性将这些工作分类。

将需要立刻采取行动的优先工作放在办公桌的中间，其他文件放到工作台上。你一次只能想一件事、完成一项工作，将所有注意力集中到这项工作上。

将大量文件分类

需要采取行动	如果你可以开展完整的行动，不要迟疑；即使做不到，你也要开始动手。在文件上写清楚需要采取什么行动，然后将它放在待办事项的文件夹里。纸质文件和电子文件是一样的，你要建立有效的推进体系。
供参考	读一遍，然后归档、扔掉或编上号。可以直接在纸上或者电子文档上写上批注。
供阅读	这些材料不必马上阅读，可以留到闲暇时间看。你可以利用电脑上的文件夹功能储存这些文件。
可丢弃	如果文件不属于上面任何一项，你可以将它直接扔进垃圾桶或电脑回收站，同时将它们定期清空，以节省空间。

你可以将自己想处理掉，但别人可能问起的文件专门放在一个文件夹里。我将它称为"拖延症文件夹"。

拖延症本身是个浪费时间的习惯，但有意为之且控制在一定范围内的拖延可以成为你的武器。你要有选择地使用它。有些问题可以扔在一边，让它自己慢慢解决。如果有人过来问，你可以告诉他，你还在琢磨，然后迅速回到自己的工作上。这有一定的风险，但这样可以帮你节省下几小时的时间，做一些其他事。定期查看文件夹，但不要借助它来拖延一项你知道必须完成的工作。

　　要养成彻底清空办公桌的习惯，或者至少保持整洁。优秀的工人永远不允许下班时工作台上堆满了各种工具。整洁的办公桌会为明天的高效工作打好基础。

玛莎百货公司处理文书工作的方法

　　1956年的一天，玛莎百货公司总裁西蒙·马克思（Simon Marks）爵士看到一家店的两名管理人员正在加班检查库存卡片。经过调查，他发现公司每年要填写一百万张这种卡片。他认为这些卡片并不是必要的，可以用更简单的库存检查方法来代替，例如实行抽查。从此，库房员工被解放出来，只有在库存不足时负责补货。

　　这一突破促使公司开展了一场削减文件量的运动。所有文件、备忘录和表格，各种类型的纸质文件都被认真检查。所有管理者都要回答一个问题："如果我们放弃这种形式，业务会不会受影响？"

　　第一年，公司总共清理了2600万张纸和卡片，重达120吨。例如，工时表被扔掉了，记考勤变成了主管的职责。

　　玛莎百货公司始终严格贯彻免除或简化文书工作的原则。公司的政策是："如果犹豫不决，就把它扔掉。"

员工自觉遵守这个原则是公司成功削减文书工作和纸质文件的基础。否则，需要为此编写大量详细的指导文件和书面报告，这只会加大工作量。

另一个关键原则是"合理估算"。它的意思是，根据实际估算出接近的数字比追求完全准确要好。正如西蒙·马克思爵士所说："极端地追求完美的人只会浪费本可以用于其他地方的时间和金钱。"

如何高效地读写

在文书工作方面，你还要了解自己的读写能力。高效的读写必定会节省时间。

我们首先从写作技能谈起。你不仅仅是纸质文件的创造者，也是消费者。在反对文书工作的战斗中，你站在解决办法还是解决问题这边？

清晰、简洁和精练是商务写作的重要原则。如果你能加上刚劲有力和生动活泼的文风，写作质量就会更高，还可以在更少的时间内写出更多东西。

如何培养清晰、简洁和精练的写作习惯？一种方法是系统地培养信函或文件写作技能。首先列出一个条理清晰的大纲，如下表所示。

表达明确的几个步骤

思考	写作的目的是什么？认真阅读需要你回复的信件，找出其中的核心内容和待回答的问题。尝试想象出读者的样子。
罗列	在一张草稿纸上写下你想表达的观点。
调整	按照逻辑顺序将这几个观点排列，删掉不相关的内容。

一封信中不能涉及太多主题，否则会导致读者信息超载。记住，读者只会关注最有趣的一点，不会在意你的其他"智慧成果"。

记得内容要简短，不能给读者罗列太多数据。将所有不相关、过长或反复出现的句子删掉。信件或备忘录尽量只写一页——这样更容易消化。为了让读者更好地理解，你要避免使用晦涩的语句或表意模糊不清的语句。采用对话的语气，使用简短的句子和令人熟悉的词。

阅读技巧也有助于节省时间。不需要上快速阅读课。与其通过快速阅读的方法读完所有内容，不如学会将价值不大的内容忽略。

复印机和打印机大大增加了组织中的纸质文件数量，因此你有必要培养快速准确地翻阅一份文件的能力。不要试图读每一个字，可以按照读报纸的办法，首先看一眼封面上的标题，然后浏览概述部分——作者在这里介绍了目标和方法。接下来看一遍目录，了解各个章节的要点。找到你认为对自己来说比较重要的部分仔细阅读。通过这种方法，你可以在相当短的时间内掌握一本书或一份报告的内容。如果你在电脑上看，还可以利用滚动、放大和定位功能迅速浏览报告，而不需要将它打印出来。

不要每次都用最快的速度阅读。有时你会碰到一个段落、一页纸或一本书，可能以后会对你有很大用处，现在不要草草地略过。用闲暇时间读上一两遍，做一些笔记。通过这种方法，你会将其中的内容铭记在心。

■ 让电话为自己所用

如果使用得当，电话也可以成为节省时间的有效工具。一通电话可以让你获得通过写信要花上几天或几周时间才能得到的信息。打电话不仅节省时间，还节约了高额的出差成本。与写信不同，它可以让你与另一方直接对话。当然，它的效果比不上面对面会谈，但比通信要好。而且自从电话会议发明以来，团队会议也可以通过电话甚至视频直播来完成。这省去了你挨个打电话的麻烦，因此节省了更多时间。

你在通话上要花费多长时间？一些研究表明，管理者往往将通电话的时间高估或低估50％。随着移动电话、短信和即时消息的出现，这种情况更加明显。你可以连续一周记录自己接打电话的时间。为了得到精确的结果，不妨借助秒表。而且可以用电话账单来确认自己每天、每星期或每个月花费了多少时间在电话上。

你的第一反应可能是："我都不知道我聊了这么久。"下面提供了几种提高通话效率的方法。

规划：在通电话前，养成做规划的习惯，可以借鉴本书前面提供的符号法。简要记录下你想聊的内容或想获得的信息，大脑中有明确的目标。这有助于节省你和对方的时间。你的目的是实现简洁、清晰和友好的交流。

定量：每天安排固定的通话时间。如果在午饭或下班前给别人打电话，他们不太可能侃侃而谈，因此可以提高通话效率。

定时：在电话机旁边放一个计时器，尽量在3分钟内结束对话，但不要表现得仓促无礼。把每次的结果记录下来，看看失败率是否下降。

但不要忘了，所有事情都有另一面。管理通话时间会产生实际效益，特别是如果你打电话或发信息成瘾。美国西北相互人寿保险公司曾发起过"安静1小时"活动，即每星期找一天将电话停用1小时，确保工作不受干扰，结果一年

的生产力提高了23%以上。你也可以利用座机或手机上的
"免打扰"或"呼叫转移"功能实施安静1小时甚至半天的
政策。

同样的方法也适用于电子邮件和互联网。对很多人来
说，线上工作可以节省很多时间，但也容易让他们养成坏习
惯：没完没了地点击收发邮件按钮，回复私人信息或浏览不
必要的内容。社交网站对某些业务来说必不可少，但也可能
导致员工在工作时间中浏览私人页面。密切关注自己在通
话或收发邮件上花费的时间，这也是时间管理的重要内容。
记住一句话："所有东西都有自己的位置，要让它们各归其
位。"

■ 如何应对干扰

"时间是一位精于修改的裁缝。"作家费斯·鲍德温
（Faith Baldwin）曾说。你的大多数时间都会被意外情况所
占用。精心规划的一天可能被分解得支离破碎。

我再重复一下之前的观点：不要把所有干涉都当作是对
你的干扰。你要有自己的判断。你眼中的干扰在对方看来可
能十万火急。你如果认真聆听，或许会发现它对自己也很重
要。换句话说，干扰有好有坏。在作出回应之前，先判断它

是不是干扰，以及你应该在上面花费多少时间。

干扰是不可避免的。其中很多都属于你的本职工作。前文提到过值夜班的医生，如果他在值班期间拒绝别人的打扰，那是不对的。与病人聊聊天，宽慰一位为生病的孩子焦急万分的母亲，接个急诊，这些都属于医生的职责。

但是为了高效地管理时间，你仍然要做好规划，尽量减少不受欢迎的干扰。与4个小时内频繁有不速之客或来电的干扰，导致每次只能集中精力工作5分钟相比，1小时全神贯注的工作效果会更好。每次受到干扰后，你都要花些时间重新沉浸到工作中。因此，干扰的实际成本远远高于对方占用的时间。

你要通过坚持练习来掌握管理负面干扰的技巧。下面介绍了最大限度地缩短干扰时间的一些方法。

◎ 设定时限并严格遵守。告诉对方："我现在只有5分钟时间——够吗？或者你愿意晚点再过来？"

◎ 提前讲好条件，告诉对方你手头上有一项紧急任务。

◎ 如果有不速之客，尽量站着说话。如果对方坐下了，你要倚靠在桌边。

◎ 在对方的办公室见面，这样你可以决定何时离开。

◎ 忙的时候不要闲聊，它会将你受到干扰的时间增加一倍。

◎ 直截了当。不要害怕打断对方，直接问他们要做什么。

◎ 苛刻地对待时间，大度地对待别人。全神贯注地聆听，坚定友好地帮助对方，不要让他们空手而归。

◎ 在对方能看到的地方放一块钟表，偶尔看上一眼，告诉对方待会儿你有个约会。善意的谎言好过粗暴地打断。

◎ 利用电话的回叫功能——除非来电非常重要，需要马上接听。

对你干扰最多的人不是你的老板（他只能屈居第二），而是你自己。有时候，我们十分期待有人来打扰。如果事情非常琐碎或者难度较大，你很容易转移注意力。你期待电话响起，或者频繁查看邮箱，希望找个停下手头工作的借口。或者你突然想起一件微不足道的小事，于是给同事打电话去占用他们的时间："没有，没什么紧急的事，就是找你聊聊天。"

你还可能找各种借口放松，例如冲一杯咖啡，放下一项工作开始做另一件事，上网浏览新闻或社交网站，发送一些"紧急的"私人邮件或短信，与秘书或同事闲聊，或者极力拖延会议时间。你不会排斥这些干扰，反而渴望得到它。你需要被干扰。警惕这种行为，因为干扰会披着伪装来左右你。

■ 专业助手

　　专业助手的称呼有很多种，包括秘书或私人助理。这些人对于你的成功起到关键作用。他们的职位也反映出他们对组织的重要意义。

　　如果你的秘书是高效的工作团队成员，那么你确实拥有一位对你和组织来说都不可或缺的专业助手。他在管理的各个方面都训练有素，包括沟通、维护人际关系、打字、整理文件和接电话。如今的秘书和私人助理还必须熟练掌握计算机程序和软件相关技能。这些让他们成为真正的专业人员，以及办公室里节省时间的关键因素。

　　现在，大多数高管的秘书或私人助理都配备个人电脑、数字助手、一两台打印机甚至还有闭路电视——随着技术进步，这个清单只会越来越长。这些人用更多时间开展行政管理，信息收集和提取以及数据解释、分析、采集和展示工作，而不是花费大量时间给上司买咖啡或打字。

　　同时有些讽刺的是，个人电脑和电子邮件为管理者亲自打字和发送信息提供了便利。他们不再检查秘书的工作，却发现秘书以多种方式检查自己的工作。随着技术突飞猛进地发展，越来越多的秘书或私人助理比他们的上司掌握了更多的软件新功能和使用方法。聪明的管理者知道如何利用好秘书的工作时间，并愿意向秘书学习。

办公室自动化——利用新技术亲自快速完成某些任务，例如直接在电脑上写报告，而不是让别人根据你的手稿来打字，这样可以让秘书解放出来，开展更重要的行政管理工作。他们可以通过以下方式节省你的时间：

◎ 阻止没有预约的人打电话或上门打扰你。这些人或许觉得必须来找你，但是如果你的秘书充分了解情况，就会安排对口人员来接待。

◎ 尽量减少干扰。秘书可以根据你的日程表，在你专门为访谈预留的时间段为你安排访谈，或者在你方便的时候安排通话。

◎ 处理日常信件，填写一些不算重要的申请表。

你的专业助手可以帮助你更好地管理时间，前提是你要尊重对方的时间。这意味着你不能随意干扰他们的工作。尽量将要求一次性提出来，给他们处理工作的时间。安排完任务后，尽量不要取消或改变优先事项。

将口头回信内容用录音笔等设备记录下来，避免秘书出错。你可以在出差的火车上或类似的场合批量处理信件，这样秘书可以在方便的时候统一回信。

不要过于追求完美，对细节的关注越少越好。卓越不等同于完美。优秀的团队会努力追求卓越，但不会为了虚幻的完美浪费资源。最令秘书或私人助理感到沮丧的无非是一位每个字都要亲自检查的管理者。

总之，秘书或私人助理是团队中不可或缺的一分子。你要将他们看作专业人员，而不是你的仆人。将他们与其他团队成员平等对待，尊重他们的职权范围，并承担全部责任。

▓ 本章要点：办公室的时间效率

◉ 下一次走进办公室时认真观察一下：它的布局是否合理？

◉ 办公桌是用来放文件的工作台。每天下班前检查它是否整洁。重要的文具必须放在手边，从而节省翻找的时间。

◉ 针对源源不断的纸质文件和电子文件制定一个分类体系，每页纸尽量只读一遍。

◉ 读和写像开车一样，也是一门技巧。清晰、简洁和精练的写作可以节省你和读者的时间。通过练习，你也可以加快阅读速度：快速准确地判断哪些不需要读、哪些可以草草地浏览。

◉ 电话和电子通信设备（例如电子邮件或短信）可

以为你节省大量时间。如果使用不得当，它们也会将你的时间打碎。

◉ 区分不同的干扰类型。有些是有用的，有些可以忍受，有些应该避免。通过主动区分，你可以相应地选择应对方法。一旦受到负面干扰，可借鉴本章提出的方法来止损。

◉ 你从镜子里可以看到浪费时间的头号因素——你自己。

◉ 将秘书或私人助理视为专业助手。他在帮助你提高时间效率方面有着重要的战略意义。

时间损耗了我们的心智，

而我们浪费了时间，所以我们扯平了。

——一座日晷上的文字

09

会议管理

"好多会，总是在开会。"提到会议时，你会有这样的心情。以往的会议是否让你感到迫不得已，干扰了你的正常工作？

参加太多组织混乱的会议一定会让你产生这种情绪。如果会议目标不明确，讨论没完没了，或者结论不清楚，会议体验一定是负面的。"浪费了我的宝贵时间。"走出会议室的一瞬间，你会这么想。

什么是会议？它是指提前安排，并在特定时间和地点将一群人召集在一起，共同交流信息或做决策的活动。会议与一对一面谈不同，前者要考虑到提问技巧等因素，但两者的主要原则（详见下文）是相同的。没有提前安排或非正式的会议和访谈也会占用你的大量时间，不过本章仅仅探讨多人参加的、事先安排好的会议。

当然，开会有很多积极的作用。如果不开会，工作组、团队或组织就无法发展。开会不仅重要，而且也可以成为一种享受——我们都是社会性动物，喜欢与别人交流。但开会也可能浪费时间。一旦其他人开始掌控局面，他们就不会在意你的时间。即使你担任会议主席，你可能也会拖延时间，甚至探讨议程上不存在的话题。

解决这些潜在问题的方法是提升我们作为管理者（会议主席）和团队成员的技能。你主持的会议是否严格遵守开始和结束的时间？提高事先准确规划时间的能力，记住"帕金森定律"。在参会者坐下开始谈论主题之前跟他们协商好时间，这样有助于每个人集中思想和精力，努力遵守时间规定。

■ 不同类型的会议

在练习和提升时间管理技能之前，你首先要区别工作中不同的会议类型，详见下表。每种会议都存在固有的特征和挑战。在实际生活中，任何一种会议都具备其中两三种会议类型的特征，你只有灵活转换应对策略，才能够节省时间和精力。

5 种会议类型
吹风会议 吹风会议一般由管理者发起，要求团队开展具体任务或开始执行某项政策。它的特征包括：

（续表1）

5 种会议类型

- 提供指导和信息
- 消除误解
- 将必要的想法和观点整合起来

咨询会议

咨询会议主要以交流信息为目的，它不是一个决策会议。它的特征包括：

- 针对某个问题征求意见
- 将某些观点告知他人
- 聆听他人的想法

理事会议

理事会议是在地位相同，且都具有专业知识和技能、可贡献想法的人之间召开的会议。它的特征包括：

- 各方就最终决定达成一致
- 各方共同承担责任
- 各方通过交流解决分歧

委员会议

委员会议是指不同团体或利益方的代表平等地会谈，就共同关心的问题作出决策。它的特征包括：

- 有权威性
- 各方通过投票达成一致
- 会有人作出妥协

（续表2）

5 种会议类型
协商会议 协商会议是指不同利益方代表进行会谈，通过协商而非投票的方式作出决策。它的特征包括： • 在互利互惠的基础上做决策 • 各方目标不同，但相互重叠 • 各方都为自己争取最大利益

理事会议值得特别关注，随着企业的专业知识不断增加和技能水平不断提升，这种会议的地位越来越重要。在这些会议上，决策往往会得到全体人员一致通过。它不一定是每个人的优先方案，但一定是他们认为当前情况下最理想的方案，并且做好了遵照该方案来行动的准备。如果参会者没能执行最终决定，说明会议达成的是虚假共识。

如果有人提出异议，他要说明原因，并同时提出另一个大家都能接受的选择。举个例子，在一场关于建一栋新写字楼的会议上，会计、设计师和建筑商要达成一致。如果会计认为设计师提出的方案成本太高，各方要重新开展评估。设计师和建筑商不能忽视会计的意见。同样，会计也不能否决建筑商提出的安全标准。各方必须共同协商，最终获得一个理想的方案，既能创造合理的收益，又能满足客户的需求，同时还要美观而且绝对安全。

这种会议的特点是，几个人在平等的基础上共同商讨，最终作出必要的决策。这个决策是所有人共同作出的，因此每个人都要对其负责。即使有异议，他们也必须接受。如果事情本身不允许让步，那么存在异议的人就要主动退出了。出于这个原因，理事会议很少要求投票。如果会议主席无法让参会者接受最终的决定，那么或许这件事还不够成熟，不适合在会上做决定。实际上，很多理事会议都是如此，只有极偶尔的情况才会投票。

参会者的座位安排和会议桌的形状都可以体现会议目标。圆桌最适合召开理事会议。它免去了围绕座位安排的争吵：除了主持人，所有人都是平等的。我在前文提到过，管理者应该在办公室放一张圆桌。很多有创造力的管理者和组织已经扔掉了能够体现出等级关系的方形会议桌，用圆桌来代替。后者鼓励整个团队共同做决策和解决问题，并体现出领导者凭自身能力进行领导，而不是他所坐的位置。

最好在最恰当的时间召开会议。在下面两种情况中，委员会议的决策比个人决策更重要：

◎ 关于一般政策或重要决定的问题牵涉到多方利益，各种因素需要平衡。这些事项不一定需要立刻作出决策，最好有一个酝酿期。但很多案例表明，委员会议的决策速度比个人还要快。

◎ 出于各种原因不能有个人情感掺杂其中的事务，例如个人喜好和偏见会受到其他人的攻击，且这种攻击是合理的。

会议的成本

管理者会花费大量时间在各种会议上，因此会议的成本很高。你有必要计算一场会议的财务成本，从而更好地利用自己和他人的时间。下表体现了一个人的时间和收入比。

你的时间成本				
以下数据按照每年工作238天、每天工作7小时的标准计算，体现了不同收入水平的时间成本。经营成本不包含在内。				
年收入	5分钟	15分钟	1小时	1天
3.5万英镑	1.75英镑	5.25英镑	21.00英镑	147.00英镑
3万英镑	1.50英镑	4.50英镑	18.00英镑	126.00英镑
2.5万英镑	1.25英镑	3.75英镑	15.00英镑	105.00英镑
2万英镑	1.00英镑	3.00英镑	12.00英镑	84.00英镑
1.5万英镑	0.75英镑	2.25英镑	9.00英镑	63.00英镑

每次开会之前，你都要思考一个问题：

是否真的有必要开会？

大多数时候，人们只是为了开会而开会。定期聚在一起已经成为一种习惯。团队会议的目标可能已经实现了。或者大家需要重新制定目标——如果是这样，你要确定参会者，并安排时间和地点。

在召开下一次会议之前，先想想其他更省钱省时的途径：是否可以通过信件、备忘录、电话、电子邮件或私下见面来谈这件事？有时候，单独与6个人各谈10分钟的效果比与他们坐在一起开1小时的会效果更好。

检查一下参会人员名单，确保没有多余的人在场。是否所有人都应该参加？警惕这样的说法，"他们总会跟过来"，"不请他来会让他不高兴，我们不想冒这个险"或者"说不好，我们或许需要他"。人数太多只会缩短每个人参与讨论的时间。

认真总结过去参加过的会议，特别是例会——至少一年两次。

可参考下一页的例会分析表。总结过某一类例会后，你可以从定期参加改为偶尔参加，或者从听完整场会议变成只参加与你的工作有关的议程。将与你的业务无关的信息从会议纪要中删除，这样可以节省大量时间。

在这里，我要提醒你一点：不要害怕拒绝别人。很多时候，人们参加例会只是因为不好意思拒绝别人发来的会议邀请，或者在会议半途不好意思离开。不情愿的付出也会浪费时间。

例会分析表
会议名称：
会议目标（用一句话概括）：
参会人员：
会议频率：
平均时长：
重要性（从"0＝毫无用处"到"10＝非常重要"打分）：
• 对我：
• 对组织：
意见：
我应该：全程参加　　　需要采取行动：
参加一部分
偶尔参加
完全不参加
下次总结日期：

▇ 筹备有效会议

认真筹备是召开有效会议的奥秘。首先，会议主席必须清楚了解会议目标。有效会议属于前文提到的会议类型中的一种，或者兼具多种类型的特点。所有类型的会议都必须有明确的目标。思考一下："会议最后，我们应该处于什么阶段？"

会议日程是关键要素。你不能仅仅写出几个标题用于提醒自己。要认真制定事项列表，并标明某个事项是需要讨论还是决策。简要描述事项主题。举个例子，"成本上涨"看起来过于宽泛，可以写成"成本上涨：讨论工厂《能源节约报告》，针对第16页第一条和第三条建议做决定"，这样参会人员可以提前思考相关问题。至少提前5个工作日向所有人发送会议议程和相关文件（如上面案例中的《能源节约报告》）。

我们接收的大部分信息都是通过眼睛获得的。中国有句话："百闻不如一见。"你在会上应多使用视觉辅助工具：清晰、简洁生动的工具可以为你节省时间。

练习2：做好准备

想想你接下来要主持的3场会议，将它们写在纸上，用

A、B、C 来编号。你是否考虑使用下列工具：

	A	B	C
投影仪			
幻灯片			
准备好的活动板/白板			
空白活动板/白板			
视听设备（电视机/DVD）			
3D 视觉工具			
通信设备			
报告			
财务报表			
书面议程			
模型			
会议纪要			
新的会议室布局			

下表总结了会议筹备的重要步骤：

会议筹备

确定会议目标

可以参考以下几点：

- 共同协商
- 为行动获得支持
- 解决遗留问题

探索会议主题

- 收集、研究事实和信息
- 确定主要议题
- 找出潜在的意见分歧

整理讨论大纲

- 制定最终目标
- 思考中期目标
- 准备引发讨论的问题
- 针对每个部分准备一段简介和主要议题
- 制定会议时间表

做好其他准备工作

- 在恰当的时间发送会议邀请和参会信息
- 安排住宿
- 准备会场设施，包括活动板或数字演示工具等

用于筹备的时间永远不算浪费。如果你在会前清楚地了解目标，掌握了所有议题，并做好了一切准备，那么会议召开时一定有效率。

■ 制定会议时间表

会议日程是节省时间的重要手段，因此值得特别关注。作为会议主席，你在筹备过程中应认真制定日程。

应提前分发上一场会议的会议纪要，不要在会上逐字逐句地阅读。不要用过多时间回顾其中的内容。如果涉及重要事项，那么应该根据其紧急性和重要性在会议后半段提出并解决。

提前分发会议论文或相关数据可以节省大量时间。如果实现不了，也可以将材料摆在每个人的桌上。会上不要阅读这些材料——要相信大家提前做过功课。

议程上各事项的讨论顺序也很重要，特别是如果每个事项的成果会影响到其他事项的决策。

可以在会议开场和结束时探讨没有争议的话题，保持积极的气氛。你要确保在每个人头脑清醒的时候（通常在会议刚开始）探讨重要议题。

我再强调一遍本章的重点：始终记得要设定时限。作为会议主席，你要在开场时问所有人："你们觉得我们能不能在某个时间结束？"作为参会者，你可以问问别人："你知不知道这场会几点结束？"明确了时间限制以后，每个人都将集中精力，避免长篇大论。而如果没有限制，每个人都有可能随意占用时间。

在这个整体的时间框架内（应在制定议程之前确定下来），最好为每一个议题分配具体时间，尽量确保不超时。还要留出一定的时间以处理遇到的一些紧急情况。

会议主席的职责

优秀的会议主席是节省时间的关键——他能够确保会议准时进行，各方遵守议程并实现会议目标。他会高效地利用每个人的时间。

作为会议主持人，你要记住自己的两项重要职能。从小处看，你要认真执行会议流程，确保参会者遵守流程的同时积极建言献策。你还负责维持公平，让所有人都有发言机会、遵守规则，这时候你就类似于裁判或陪审团主席。

另外，你还要担任团队领导或管理者，想要积极取得讨论成果。具体职责根据不同的会议类型会有变化（详见前文介绍的会议类型）。例如在创意思考会议上，主持人的作用更像是催化剂，而不是交管员。

裁判与主持人两种职能之间存在明显的冲突。一些团队和领导者会任命专职的会议主席负责裁判工作，类似于众议院发言人，让主持人能够自由地引导各方探讨问题。不同的议程会任命不同的主席。

在大多数情况下，会议主席可以兼任裁判和主持人，毕竟这两种职能之间也存在重叠。

前面介绍过领导者的几项关键职能，如分配任务和做规划。但是作为会议主席，你在开场时要介绍会议目标及其必要性，不要想当然地以为所有人都知道。你还要确认是否参会者都接受该议程，让你的规划变成所有人的规划。用愉快且坚定的语气表明自己的会议主席身份。

会议开始后，你要利用自己的智慧和敏感性掌控全局。如果有人滔滔不绝，你该怎么办？你要阻止他，但要掌握技巧："谢谢你，迈克（Mike），我想大家明白你的意思了。苏珊（Susan），你还没有发过言。你同意迈克的观点吗？"如果有人说个不停、占用他人时间，或经常打断别人的话，你要表现得强硬一些，让他明白你的意思。永远不要失去控制。

管理内阁会议

内阁通常每周开一次会，这对于例会来说，次数应该足够了，而且如果每个人从一开始就掌握了会议目标，也应该如此。官员们要尽快回到工作上，首相不应妨碍他们。我们从11点整开始开会，到点准时起身去吃饭。

即使出现危机，一周内再召开几次会议也够了：如果真的有危机，那么会议越少越好。

首相在内阁会议期间不能过多地发言。他负责开场，或者请别人来开场，接下来让身居高位，但不轻易发言的官员讲话。首相还负责总结发言。有经验的工党领袖在此方面很擅长。多年来，他们在议会政党和全国执行委员会会议上参加过很多辩论，还负责总结。

特别是当非内阁大臣第一次出席内阁会议时，首相要更加严格。这些官员为了证明自己的能力可能会长篇大论。首相不能存在侥幸心理，而要让他们事先提交演讲稿。首相可以说："部长，你的发言非常清楚，需要补充吗？"他的语气坚定，明显期待对方说"不需要"。如果有人想发表演讲，最好打断他："有人反对吗？"如果有人要开始长篇大论，首相会迅速问他："你有反对意见吗？没有？好的。下一项。"这样内阁会议才能继续推进。

——克莱门特·艾德礼（Clement Attlee）

防止偏题是主持人的重要职责。有时候，与老老实实地按照议程讨论相比，其他话题似乎更诱人。特别是在创意思考会议上，天马行空才是常态，因为明显不相关的想法之下可能蕴藏着新的创意，就像不起眼的贝壳里面可能有珍珠。

为了履行领导职能、在讨论中作出贡献，你要在以下几个方面进行努力：

◎ 培养清晰和快速的思维

◎ 认真聆听

◎ 清晰、简练地表达观点

◎ 能够从别人混乱的表述中抓住要点

◎ 不偏不倚、公正无私

◎ 阻止不恰当地打断

◎ 耐心、宽容、客气

◎ 态度友好，同时表现出干练和务实

在每项议程讨论结束后，会议主席必须简短、清晰且精练地总结讨论成果，甚至应该将重要的语句记录在会议纪要中。

如果讨论决定由某个人采取行动，会议主席应确认这个人理解并接受这个结果。各方通常会针对下一步行动规定截止时间。

至于委员会是否有执行力（也就是说，它是否可以独立行事），这个问题并不重要。就像足球比赛要进球一样，总要有一个人来做，但集体努力为个人行动打下了基础。虽然集体决策通常由一名成员来实施，但从真正意义上看，行动属于整个委员会。重要决策是由委员会作出的，或者是它审议的结果。

为了确保行动是委员会的成果，同时让个人来承担责任，可以从委员会职位较低的成员中找到一个工作职责与委员会目标最密切的人担任主席。

如何制定会议纪要

会议主席一般不负责制定会议纪要，这是秘书、私人助理或其他相关人员的职责。如果他们这次做不了，可以安排其他人来做。

会议纪要不用太长，也无须太复杂，但应包含以下要点：

◎ 会议时间和地点
◎ 参会者姓名，未到场人员缺席原因
◎ 讨论的所有事项、结论、决策和行动意见
◎ 行动负责人
◎ 有时要记录引导决策的主要观点或步骤
◎ 会议结束时间
◎ 下一次会议的时间和地点

会议纪要应在2到3天内（如条件允许，可加快）发给各方，尤其包含在会后需要尽快采取行动的内容的会议纪要。如果有人需要完整的会议纪要，但没能及时完成，那么记录人员应将要点一一简要列出，并立刻分发。作为会议主席，你需要在最终的会议纪要上签字。

提高会议效率

	按时开始
目的	**明确介绍会议目标** 提出问题、介绍开会背景和缘由 介绍限制因素 介绍会议任务
引导	**保障讨论效率** 介绍讨论主题 引导各方分享意见、观点和经验 激发团队兴趣和参与热情 确保讨论围绕着目标任务进行
总结	**总结会议成果** 认可会议的交流情况 总结各方观点的异同 陈述目前得到的初步结论 确认各方是否理解和接受

（续表）

	按时开始	
行动	**获得各方的接受和参与**	
	总结和陈述结论	
	获得各方对行动计划的支持	
	介绍职责分工	
	确认各方充分理解	
	按时结束	

■ 自我提升练习

在本章最后，你要回顾自己以往的会议表现。下面的练习可以帮助你找到可以完善的地方。将以下内容写在空白纸上或者电子文档里，并写出自己的答案。

练习3：自我提升练习

在担任会议主席方面，我的优点有：

（只写出别人对你的评价或反馈，这样有标准可以参照。）

我需要提升的5个方面：

（写出不超过5个方法，克服目前作为会议主席所存在的缺点。）

为了提高会议效率，我的团队应该：

（团队与个人一样，也会养成坏习惯。如果你要为团队提供培训，你会关注哪5个方面？）

当然，你在自我评估和提升的练习中还可以加入其他问题。举个例子，你或许要了解自己作为某个委员会成员的优缺点。如果下次开会时你的表现有所提升，其他人一定会感到吃惊。在日程中留出一些自我评估的时间。即使进步没有你期待得那样明显，也不要着急。努力总有回报。

■ 本章要点：会议管理

◉ 开会是企业或社会组织必不可少的一项活动。你要学会高效地主持会议。要学会区分5种不同的会议类型。

◉ 了解会议成本有助于节约时间。想清楚是否有必要开会，以及参加这次会议是否会浪费一些人的时间。

◉ 花些时间做会议规划将会产生十倍的效益。认真制定会议议程，为每个事项分配好时间。

◉ 作为会议主席，你兼具裁判和主持人的职责。学会区分这两种职责，并完美地融合在一起。

◉ 要制定清晰、简洁和明确的会议纪要。一般来说，会议纪要上应写清楚要开展哪些行动、由谁负责、何时完成以及最晚汇报时间。

◉ 只有你自己才能强化你作为会议主席或普通参会人员的表现。请别人对你在会上的表现作出评价，并用具体例子来证明你的优点和缺点。接下来，制订行动计划，争取在接下来的6个月内提高能力。利用后面的几场会议来练习。

内阁会议必须向前推进，产生一系列清晰、果断、毋庸置疑的决策。这就是政府的作用。民主的挑战在于迅速实现。

——克莱门特·艾德礼

10

委派工作的艺术

委派工作对于时间管理有重要的战略意义。你能否高效地将工作委派给他人？如果有人将工作委派给你，你能否高效地完成？

委派工作的重要性会随着你在组织中的地位而提升。在最近一项针对280名高管的调查中，只有30人表示自己会按照手头工作的重要性来委派工作。你可以确认，其他250人并不擅长委派工作。

什么是"委派"？我们有必要弄清楚这个概念。很多人会把它理解为"放弃权利"。把你的权利完全交给另一个人，这不是委派工作，而是逃避责任。

真正的委派并非如此。它是指将某项工作和相关权限委托给另一个人，让他成为你的代理人，类似于国王的特使。如果你是被委派方，那么其他人分配给你的不仅是工作本身，还有开展工作的必要权限。

▮ 委派工作的难点

作为组织工作的一项必要原则，委派工作听起来很简单，但事实并非如此。对于组织来说，把这种简单的事做好才是最重要的。在组织生活中，没有什么能比委派工作更加困难重重。人们做得不是不到位，就是不够好，这样不仅不会节省时间，反而会更加浪费时间，着实很可惜。合理地委派工作可以达到事半功倍的效果：你不仅能将时间节省下来，完成最关键的工作，还可以提升团队成员的能力。

问题往往在于态度和价值观。在一场关于时间管理的国际研讨会上，几位管理者的观点印证了这一点：

一家工程公司的高管："我个人认为，信息就是力量。我会将工作中一些重要的细节对员工保密。如果我将秘密透露给他们，就有可能很快被替代。有一次我生病休了4周假，工作几乎都停滞了，所以你看，公司现在离不开我。"

一家中型公司的高管："原则上我支持将工作委派给下属，但是你应该看看我手下那些人。他们是所谓的'经理'，但是连技术持续进步和市场快速变化带来的新局面都应付不了。他们甚至没接受过充分的培训。大多数人都已经躺平了，虽然还没开始领养老金。现在你知道我为什么提着两个鼓鼓的文件箱了吧！我根本不知道该怎么办。我的老板——总经理，一直在暗示这是我的问题，但我不知道他想让我怎么做。他从来不说清楚想要我做什么。"

这几个案例揭示出委派工作固有的难题，并体现了委派方和被委派方均缺乏智慧和技巧。

委派工作的难点在哪里？

通过研究，找出了高管不将工作委派给他人的七大原因。你还能想到其他原因吗？

1. 有风险

2. 我们喜欢亲自工作

3. 我们不敢坐下来思考

4. 这个过程很慢

5. 我们喜欢"在各方面都成为顶尖的人"

6. 团队成员是否会超越我们

7. 没有人比我做得好

■ 哪些工作不能委派

有人来到白宫办公室，看到杜鲁门（Truman）总统的桌上贴着一张手写的标语：问题止于此。

这几个字概括了一个重要的真理。你可以将工作交给某个人，让他向你汇报进展。如果你秉持着正确的精神，用明智的方法来做这件事，就会在委派工作的过程中产生一种责任感。责任是可以共同分担的。但是你仍然要对组织中发生或未发生的事承担终极责任。如果你觉得这个负担太重，记住杜鲁门总统的话："你要是怕热，就别进厨房。"

通过这个原则，我们可以得出一个重要结论：任何时候都要对手下的人有足够的了解，从而确保你能承担终极责任——这是不能委派的。

管理者是工商业组织中的领导者。领导力——管理者的核心职责，是第二种不能委派的责任。它包括完成共同任务、组建团队和培养个人必要能力。这三个领域存在明显的重叠。例如，在大多数情况下，你只有强化团队成员和同事之间的合作，才能顺利完成任务。

建设任务、团队和个人这三个领域，以及领导者制定目标、规划、管控、评估、团队建设和个人发展等关键职责在本质上是共通的。当然，为了创造更好的业绩，领导者需要与别人共担责任：一个人很难完成所有工作。但任何称职的领导者都不会将自己的关键领导职能委派给其他人，否则就会空有其名，没有实际内容。

练习4：企业高管

假设你是电子行业一家大型工业组织的总经理，上面一级是由非执行主席管理的董事会。写出自己的核心职责：你认为必须自己承担，但可以找其他人一起完成，从而提高效率的内容。

完成后，可参考第184页提供的答案。

企业高管的重要职责是发挥领导力。领导者自己首先要有方向感，然后要以此来引导组织工作。但他们必须妥善地安排工作，否则就不是称职的领导者。他们要激励员工，尤其是在出现困难和障碍的时候，要给组织注入精力和热情。

管理者可以而且应该将大部分工作委派出去，但是不能放弃责任和领导力。永远不要让别人来决定如何委派工作——这是你的任务。

▉ 哪些工作可以委派

关于哪些工作可以委派，这个没有固定的模板。它取决于多种因素。在一个环境中可以委派的工作到了另一个环境可能就不适合交给别人做。

你不只有委派或不委派这两种选择。委派工作可以在不同的程度上进行，取决于你想在多大程度上实施掌控。下表显示了这个过程中的几个关键阶段：

分配工作的不同程度			
继续开展工作，让我知道接下来要做什么。	继续开展工作，我可以提供建议、帮助或支持。	继续开展工作，但我需要了解一切进展。	在征求我的意见之前，不要采取任何行动。

在根据具体情形确定选择哪种方式之前，你要考虑下面4个因素。这些被视为限制条件，可以防止你肆意委派工作，因此你要经常审视这些因素。

因素1：对团队成员的信任

如果你对团队成员感到信任，就会更愿意将工作委派下去。在这个过程中，你需要判断他们的专业能力和个人素质。有能力和有干劲的团队成员显然可以完成你交代的任务，当然，如果没有得到真正的权力，他们也会感到沮丧。

你要避免对某个人的评价过高或过低。每个人都有自己的局限性。有些人可以很好地完成任务，不太会出错，另一些人是需要跟你在一起工作的。最优秀的员工能力出众、尊重现实且博闻强识，他们深刻理解企业的目标和政策，也明白犯了错会产生什么后果。

对于企业高管来说，委派工作应成为一种工作方式，而不是可有可无的选择。如果他接受这种做法，他首先必须非常了解关键的（或有潜力的）团队成员。因此，无法让领导者接触到其他员工或直接下级的组织体系一定是无效的。你如何了解其他人？很多优秀的领导者都是凭直觉，但直觉也可能产生误导。你需要与人相处，与他们交流，观察并研究他们，直到对他们形成明确的印象，从而知道应该把什么工作交给他们。这个委派工作的内容也会随着具体的决策、任务或职能而变化。

因素2：可用时间

一般来说，与其他人共同做决策会占用大量时间。你不应该耗费自己的时间去解释问题并确认大家是否理解，或者为行动负责人提供充足的信息。如果出现紧急情况，特别是涉及企业生死存亡之大事，你更不应该把决策权交给别人，不过这个时候应该将大部分工作交出去。

因素3：对未来的影响

有位高管曾说过，紧迫的时间会促使管理者明确优先的工作，将"浪费时间且不重要的工作"委派出去。要时刻关注"时间效益比"。你肯定不想将大部分时间用在最不紧要的任务上，仅将所剩无几的时间分配给重要的工作。

因此，最适合委派给别人的工作是常规任务或行政管理工作。但是如果你以为可以将所有行政工作安排给别人，自己只负责领导，那你就错了。组织管理也是领导者的关键职责。日常活动或许不是你最喜欢的工作，但任何职业都离不开苦差事。日常工作必不可少，且非常关键，你必须接受这一点。

但是作为高层管理人员，你必须极力避免过多地参与行政管理。一家大型化学公司的主管曾说："我会将一切可以阐述清楚的工作委派下去。我可以随时关注这些工作的进展，同时有充足的自由时间规划接下来的任务。工作内容一旦被阐述清楚，就可以交给别人去做。我的做法始终是选择我最了解、最容易监管的工作先委派下去。然后，在下一项工作内容明确并匹配到合适人员的情况下，接着进行委派。"

无论你的职责是什么，你必须随时观察当前的活动，了解它是否达到了可以委派的程度。"我会想想是否有人可以解决这个问题，"有位总经理告诉我，"如果有，我会把它交给那个人。这样，我就可以思考其他只有我能决定和跟进的问题。"

因素4：环境的新鲜度

英明的高管对于公司经验不足、尚未制定行动准则的领域持谨慎态度。在这种全新的环境中，你在委派工作之前要多思考一段时间。并购谈判可归为此类。这项任务的本质和细节（而非复杂程度）可能会让你觉得有必要亲自处理。如果任务细节不清楚，甚至存在大量不确定性，再加上对组织的盈利能力或发展会产生重大影响，那么不要委派他人来做。应对其中的挑战或机遇是你的职责。

委派工作的主要目的是提高组织效率。正确的方法是将具体任务或职能委派给其他人，同时由你来承担直接责任。你同时还要提供完成工作所必需的权限，具体程度取决于你与团队成员协商的结果。委派工作也是提升团队成员信心和能力的有效工具：这样有助于他们成长。其中的技巧是给一个人分配稍稍超出他能力的工作，这样他就必须全力以赴。一位营销总监说："对我来说，委派工作是激发员工动力的强大武器。"

显然，公司需求和个人发展之间需要取得平衡。很多高管都认同一家澳大利亚矿业公司董事长的话："我的前两位总裁非常成功，但他们下放了太多权力——或许是出于外部利益考虑。削减现有的权力和职能并不容易。我委派工作所依据的前提是不会产生重大的不可预见的后果。"

业内的许多高管不愿意将工作委派给别人。他们凡事都想亲力亲为。如果出现问题，他们必须亲自解决。这些人不会将工作委派给他人，因为他们不想这样做。他们大多是工作狂，通过刻苦工作坐到了这个位置。当这些人被提拔到自己无法胜任的职位时，麻烦就出现了。如果大型组织的掌权者缺乏委派工作的能力，一切大小决定都由总裁一个人来做，那么组织很快就会失去发展势头。

下面的案例证明了这一点。除非通过其他因素来平衡，否则管理者的优势（包括刻苦工作和愿意承担责任）可能会导致失败。海军上将倒退为合格的炮兵中尉，这种情况在各种类型的组织中都存在。他没日没夜地工作，细节对他的吸引就像磁铁吸引铁屑。但是其他人将他的行为理解为对他们缺乏信任。当然，这种人无法打造管理团队或培养有能力的继任者。

不会委派工作的领导

"那些可爱而固执的傻瓜们整夜开足马力向前冲。他们愿意为杰利科（Jellicoe）而死，却没给他发过一个信号。"约翰·温顿（John Winton）在关于海军上将杰利科伯爵的传记中写到这样一个场景，描述了 1916 年 5 月 31 日在日德兰半岛附近的一场海战。他们刚刚与德国公海舰队进行了一场血腥但没有结果的对抗，并期待第二天再来一场战斗——或许可以媲美光辉的特拉法加海战。

但事实并非如此。船员在夜里多次看见敌人，但没人及时向杰利科汇报。到了黎明时分，北海海域已经空无一人。杰利科伯爵只能独自面对大家的失望。

杰利科深受费舍尔（Fisher）上将的宠信。费舍尔上将对这位后辈感到"非常满意"，将他看作是"下一个纳尔逊（Nelson）"，并提拔了他，让他率领20多位高级海军上将。1911年，弗朗西斯·布里奇曼（Francis Bridgeman）上将（他从母舰总司令晋升至第一海务大臣，给杰利科创造了升职的机会）给费舍尔写道："我直接走了，他自动升任母舰副指挥官，这对他来说是个绝佳的机会！他没有统领大规模舰队的经验，因此十分焦虑，以至于他确实做得太多。他必须学会让上校和船员多做一些，以减轻他自己的担子！目前，他只是一名合格的炮兵中尉。当他要统领一支庞大的舰队时，这样是行不通的。他必须学会信任手下的上校和船员，而如果他们胜任不了工作，他必须将他们踢走！我相信您会同意我的观点，并且希望您有机会可以提醒他。他会听您的意见，但可能不会听我的。"

这些话很好地概括了杰利科的最大问题：他不愿将工作委派给别人。费舍尔一定有机会帮助杰利科，但他似乎没有这样做。杰利科仍然没有学会下放权力。1917年，他升任第一海务大臣，但结局却很凄凉。这位勤劳而有才华的人不断被大量的工作、对政客的愤怒和疾病所困扰。1917年圣诞节前夕，杰利科被解除职务了。

提高委派工作的能力

从某种意义上说，委派工作是一门艺术，需要娴熟的技巧。艺术凌驾于手工艺之上，将工作委派给他人也不应该为沟通技巧所限。双方凭直觉认定这是正确的，其中涉及某种形式的创造力。掌握了基本技巧并积累大量经验后，委派工作将成为你的第二本能。可以参考下表：

委派工作的技巧

技巧	备注
选择合适的人	"没有不合格的士兵，只有不称职的军官。"不能把失败归咎于员工的素质。他们是你自己选择或接受的。如果他们确实能力不足或缺乏工作热情，即使接受过培训，你也要让他们离开。选择合适的人是委派工作的基础。

（续表）

技巧	备注
为他提供培训	被你选中的人无论是否有潜力，都需要接受培训。你可以按照以下步骤提供培训： 1. 管理者演示工作时员工要在场， 2. 让员工提供反馈和评论， 3. 让员工亲自动手，管理者在一旁观察， 4. 员工独立工作，管理者回答问题， 5. 员工正式开始工作，并在完成后向管理者汇报。 先从小的日常工作开始，随着双方信任感的增强，逐渐委派有挑战性的任务。
简要介绍情况，确认对方是否理解	培训过程和随后的委派过程都需要双方掌握熟练的沟通技巧。双方必须明确具体委派的工作，以及完成工作的权限，还需要告知其他相关人员。确认对方是否理解工作内容，并介绍背景信息：公司的目标和政策。现在，对方应该知道了为什么要做这项工作，以及如何完成。
站在背后提供支持	克制插手的欲望。不要贸然行事，或者反对团队成员的意见。如果对方来找你，不要直接给答案，而是帮助他找到答案。你的目标是培养团队成员的主动性，让他主动解决他自己造成的问题，以及你过去遗留下来的问题。
理智而敏感地实施约束	没有人喜欢毫无约束、飘忽不定的感觉。与员工商量好你们处于第135页的表格中的哪个阶段。始终牢记：你不能彻底放手，约束才是委派工作的本质。

"作为委派方，你要将自己置于对方的角度去思考。"一位管理者回忆起自己刚入职一家保险公司的情况时说道。

> 漫长的一天结束后，我从椅子上站起来时会踢一脚桌子下的废纸篓，发泄沮丧的情绪。回到家面对考试大纲时，我感觉至少可以掌握自己的命运。这时我会小声向管理层祈祷：
>
> 告诉我你要我做什么，并说清楚原因。然后放手让我做吧！
>
> 如果我弄得一团糟，尽管惩罚我。让我知道哪里出了问题，但是不要大惊小怪。

从员工的角度看，情绪不稳定的领导简直令人做噩梦。容易发怒或焦躁的人时常会表现出不必要的慌张或兴奋，特别是过于关注细节和追求完美。从这个意义上说，接替温斯顿·丘吉尔担任英国首相的安东尼·艾登（Anthony Eden）就是个情绪不稳定的人。他很难按照超出体制要求的方式委派工作。如果他这样做了，他就会昼夜不停地给某位倒霉的部长打电话，反复纠缠在其他人看来相当微不足道的小事上。当然，他的脾气很暴躁。难怪丘吉尔在辞职前一天说，艾登不能胜任首相一职，但为时已晚。

现在你应该清楚，在现代组织中培养和维持信任的气氛有多重要。当然，除非存在以个人和专业诚信为基础的相互信任，否则你很难委派工作。信任为人际关系提供了氧气。当然，你必须通过自己的能力和贡献、诚信赢得信任。但是其他人也必须主动给予你信任，而不会因为错误的印象而对你有所防备。

古罗马有一句谚语："信任会产生信任。"作为信任他人的表现，把工作委派给员工也有助于你得到他们的信任，并增强他们的自信。因此，这是在任何组织中营造信任氛围的重要领导行为。要记住，如果挑战的来源合理，人们做得往往会比自己想象得要好，并且愿意直面挑战。

信任一旦受损，就很难恢复到原来的水平。因此，你要努力维护它。最好的办法是始终坚持真理，因为真理和信任是一对好姐妹。有位高管同事在提到媒体大亨汤姆森（Thomson）勋爵时曾说："他最令人难忘的品质是讲真话。他的能量非常强大，尤其是在黑暗的时刻。他在其他人享受幻想的时候更加追求真相。他总是面对现实，并且始终相信自己可以利用当下的现实做些好事。"正直是领导者的黄金品质，汤姆森勋爵就是很好的证明。

擅长分派工作的领导——汤姆森勋爵

我们充分了解多样化的必要性，在汤姆森出版公司，我们似乎并没有在这方面浪费过时间……公司安排戈登·布鲁顿（Gordon Brunton）去澳大利亚了解一批贸易和技术期刊。我记得他在出发前来找我。

"您希望我怎么处理？"毕竟他还是个新来的男孩，"您想通过电传了解情况，还是等我回来向您汇报？"

"银行账户有50万英镑存款，"我说，"看到值得购买的东西就去买。"

这一直是我对高管表达信任的方式。我相信在大多数工作上，他们至少跟我一样称职，所以我始终避免往相反的方向上去想……一个人不仅要清楚如何选择高管，还应学会放权。缺乏这种能力不仅证明他们对别人不信任，也表明他们不认可自己的判断。我见过很多企业都是由这个原因造成失败的。不愿意将工作委派给他人的人往往没有时间和精力关注更重要的问题。他也无法作出积极、迅速和有效的决策。我还发现，在高管刚刚来到我身边工作时就表现出这种信任，会产生很好的效果。

戈登在澳大利亚迅速取得成功，为公司购买了一批很棒的期刊……

——汤姆森勋爵的《在我60岁之后》（*Long After I Was Sixty*）

委派工作存在一定的风险。理性的管理者会恰当地降低决策风险。从自己的角度看，冒险没有任何好处。但是过分降低风险可能会导致权力集中，会进一步造成大型组织中的官僚主义倾向。真正擅长分派工作的管理者接受这种行为及其后果，因为从长远来看，另一种选择成本更高，且极为有害。

你可能在想，如果戈登在澳大利亚失败了，汤姆森会做何反应。下面的一个故事，给出了答案。戈登领导的一家英国顶尖报社的编辑获得了贝尼托·墨索里尼（Benito Mussolini）的日记，支付了6位数的费用后，报社经研究证实了它是伪造的。汤姆森回忆说：

> 有一天我在戈登的办公室。我问他："有什么新消息？"这时他才告诉我，他被骗子骗走了一大笔钱。然后我问他："如果日记是真的，我们能赚多少钱？"
>
> 他告诉我——这将是本世纪出版行业的一次大地震。
>
> "好吧，"我说，"那确实值得冒险一试。"
>
> 然后我问他，如果我的司机晚上加班送我回家，我是否应给他超时费。付超时费存在必要性和合理性吗？

1983年，公司再次犯了同样的错误，买下了所谓的"希特勒日记"。如果汤姆森还活着，猜猜他会说什么。

与许多组织的负责人不同，汤姆森不想在一旁指手画脚。他永远能约束自己，把大大小小事的决策权交给他信任的人。公司的诸位高管，包括位于伦敦的戈登·布鲁顿和汤姆森身边的其他人在公司都有归属感，虽然一些人本来有机会转到收入更高的职位。作为老板，汤姆森不算大方。但是我们看到，他始终站在员工这一边，即使有时他们的决定是错误的，但只要有正当的理由，他都会支持他们。他从来不责备任何人。

真正有开拓精神的领导者会期望其他人像自己一样，并愿意帮助他们抵御风险。他会传达一种信念：一个人在很大程度上可以创造自己的运气。汤姆森勋爵曾说："在我看来，好运不过是一次被抓住的机会。"

汤姆森擅长委派工作，所以总能在忙碌的工作和危机中抽出时间来思考一些次要问题，并获得全新的视角。

最后，汤姆森通过放权培养出了一批能力出众的高管。戈登·布鲁顿接替他担任公司总裁，成了一位杰出的商业领袖。

■ 本章要点：委派工作的艺术

◉ 在委派工作之前，你要清楚地了解自己的时间存在哪些价值和局限性。在这个基础上，你会产生强烈的重点开展优先工作（只有你能完成的工作）的冲动，并把其他工作委派给别人。这样，你可以自由且高效地思考、做规划和展开行动。

◉ 委派工作不等于放弃权力。你要保留一定的控制权。团队成员越值得信任，你需要保留的权力就越小。

◉ 很多管理者抱怨自己忙得不可开交的时候，团队成员却无所事事。

◉ 将日常或可以预测的工作委派给员工只是第一步。下一步是赋予他们做决策，并在一定范围内代替你行事的权力。这并不容易，需要你有勇气、有判断力和敢于信任他人，因为你要为他人的行为负责。

◉ 不能将特殊任务——绝对重要，且只有你才能按时并符合标准地完成的工作委派给他人。机密或敏感的任务也不能交出去。内容不清晰或阐述不明确的新任务也不适合委派，因为员工会在从哪里下手的问题上浪费大量的时间和精力。

◉ 你应该将自己的一部分职位权限交给受委派的团

队成员。但是他们应该跟你一样，更多地依靠知识和人格的权威来完成工作。你要增加他们的知识储备，并增强他们的信心。

◉ 委派工作可以极大地激励员工：丰富工作内容、提高业绩并完善员工的精神面貌。

　　你只有在将权力分给别人时，才拥有最大的权力。

11

将已经占用的时间利用起来

玻璃瓶和纸板箱都可以回收。时间为什么不可以？当然，时间与这些资源不同，但是你可以收集一些被占用的零散时间——原本安排好的工作无法开展，因此被闲置的碎片时间。

"已经占用的时间"是指为具体事情安排的时间。我们必须做的事和必须去的地方：这些占用了我们很多时间。本章针对如何利用这些零散时间提供了一些建议。

在许多情况下，你可能并没有按照原计划利用时间：在等待期间或工作不忙的时候，你可能会有几分钟甚至好几个小时的空闲。例如，你要见的人迟到了，或者车还没完全修好，你只能在接待处百无聊赖地坐着。或者牙医的上一位患者还没看完，你只能在办公室外翻看枯燥的杂志。如果你擅长时间管理，就可以对这些可能被浪费的时间加以建设性地利用。

例如，这是一个旅行的时代。你可能会经常旅行。旅行创造了大量节省时间的机会。在机场或车站的等待时间似乎被白白浪费了，或许你可以将这些时间充分利用起来，写封信或读本书。

利用已经占用的时间是一项日常挑战。不妨从这个角度思考：假设全世界都与你为敌，一切安排都是为了浪费你的时间；看看你能不能瞒过全世界，从今天开始取得一些小的胜利。

日常活动

有时，你可以将日常活动所需的时间用于别处。每天重复的动作（例如散步）大多时候会形成一种习惯。在这里，你的潜意识像一台个人电脑，负责接管并运行该活动，让思维获得一定的自由，可以去关注其他事物。用于日常活动上的时间可以成为首要关注的对象。

以每天穿衣服为例。效率专家可能会掏出一个秒表，要求你在这项每天都进行的活动中尽量花费最少的时间。但你可能很享受这个过程，或者愿意悠闲地一边穿衣服一边思考。我的一个朋友正在攻读商科，他将笔记内容录在磁带中，每天早上穿衣服时播放。你可以借鉴他的方法。另一个朋友的妻子在度假前利用录音带和CD提高了意大利语水平。男士在剃须的时间里也可以产生大量创意。

锻炼是另一种可利用时间的日常活动。一位著名的畅销书作者在动感单车上安装了阅读架。还有些人会一边在跑步机上运动，一边看电视或DVD——对许多人来说，这是一个既能了解新闻，又能强身健体的好时机。

就我而言，我认为吃早餐时应该一言不发。我曾在苏格兰卫队服役，那儿的军官们严格遵守这个习惯。为了避免任何形式的交谈，他们甚至将座位分隔开。我在第一天就犯了错：我对上官说了句"早上好"。"早上好，早上好，早上好，"他咆哮着，视线没有从《泰晤士报》上移开，"这星期之内不要再说了。"

"用餐时间"这个例子完美地契合本章主题。这个时间主要用来吃饭。然而，从远古时代开始，人类就把用餐变成了社交场合，与家人和朋友聚在一起交谈。这或许是将已经占用的时间用于做其他事的最古老、最令人熟悉的例证。

在修道院和其他宗教场所，人们仍然安静地进餐、大声朗读教化书籍。如果利用得当，这可以成为一石二鸟的宝贵活动。在家里，假设没有吵闹的孩子，那么你可以偶尔一边吃饭，一边默默地读书。为此，你可以在桌上立个书架。但是请不要养成习惯。家庭用餐时间也应该是与家人和朋友沟通感情的时间——当然，更是吃饭的时间。

饭后洗碗是一种必要但不需要思考的活动，只是某种程度上满足了你必须做些事的想法。如果你没有洗碗机，那么可以利用手动洗碗的时间发散思维。据说英国实业家阿拉斯泰尔·皮尔金顿（Alastair Pilkington）爵士正是以厨房水槽中的盆和肥皂为灵感，发明了浮法工艺。作家阿加莎·克里斯蒂（Agatha Christie）曾说过："构思一本书的最佳时间是洗碗的时候。"

重新利用已经占用的时间

切斯特菲尔德爵士在1747年12月11日写给儿子的一封家书中说："我认识一位绅士，他极为擅长管理时间，一点都舍不得浪费。他甚至利用如厕的时间慢慢读完了所有拉丁语诗歌。他曾买过一本古罗马诗人的作品集，每次撕下几页，读完后直接扔掉。他因此赚到了大量时间。"

在干其他体力活动时，特别是如果养成了习惯，也可以与洗碗一样，在这个过程中节省时间。有创造力的人可以在沐浴、散步、开车、骑自行车和做园艺工作期间随时获得创意。诗人阿尔弗雷德·丁尼生（Alfred Tennyson）在泡澡时会产生很多想法，他甚至在家里安装了专门的热水器，以便随时泡澡。当你找到适合自己的场合时，你会发现深层思维可以像电脑一样解决问题，神奇地将答案、解决方法和各

种选择传达到意识层面。

许多人在开展日常活动或放松时都获得过创造性的突破或直觉。英国诺贝尔奖获得者高弗雷·亨斯菲尔德（Godfrey Hounsfield）博士在坎布里亚山中散步时取得了至关重要的突破，进而开发出人体扫描仪。"我非常热爱散步，"他后来说，"我发现在散步时会产生很多想法。"

■ 等待的时间

前面提到的另一种已经占用的时间是等待的时间。对于大多数人来说，等待的时间只能白白流逝。但是，只要稍做计划和下定决心，你在等待理发师、医生或火车的时间里能做很多事。你可以规划明天的工作、写信或结清账单。你甚至可以沉思或冥想，下一章将提出具体建议。

在机场候机室的等待时间即使不够安静，也能让你独处。培养正确的心态，为这段时间做好准备。正如戏剧家和哲学家歌德所说："当一个人能与自己和睦相处并且有具体的任务要完成时，独处便是一件美好的事。"

■ 旅行时间

上文提到过，旅行时间也可以合理利用起来。我上学时曾经每天都要坐火车往返伦敦，每天早晚各一个小时，坚持了 5 年。我从那时起了解了旅行时间的价值，因为大部分作业都可以在火车上完成。阿诺德·本涅特的《悠游度过一天的 24 小时》中描绘了典型的通勤者的困境："他步行至车站的路上，头脑一片空白。走进车站后，通常得等会儿。每天早上在数百个地铁站里，你会看见人们在月台上优哉地踱来踱去，铁路公司毫无愧疚地掠夺了他们比金钱还宝贵的时间。每天不计其数的时间就这么浪费了，就因为他对时间无动于衷，从未想过采取一些相当简单的预防措施阻止时间的流逝。"

本涅特认为，在火车上看报纸太浪费时间。尽管他自己每天会读 5 份英语日报和 2 份法语日报，但他反对人们清早在火车上看报纸。"报纸匆促地刊印，人们匆促地阅读。我的日程表里，没有专门的读报时间。我利用短暂的闲暇时间读报，但连续花三四十分钟独处的美妙时光读报，这种做法让我受不了。我不能允许你这般浪费时间这个无价之宝，你不是主宰时间的帝王，不要在列车上读报！"

安东尼·特罗洛普（Anthony Trollope）通过在火车上

写作而成了出色的小说家。作为邮政总局的一名雇员，他多年来出差到全国各地，并充分利用了在火车上的时间。

　　航空旅行的时间通常很分散。短途飞行可以节省一定的时间，但是你很难在这段时间内完成任何工作。然而在机场，你在办理完登机手续后会有一些等待的时间。

旅途中的人

　　英国著名工业家特伦斯·贝克特（Terence Beckett）爵士非常重视火车旅行的价值。

　　"面前有张桌子，我可以把文件摊开，这比在轿车里用膝盖抵着下巴，或者在飞机上用胳膊肘碰到旁边的人要好。

　　"我发自内心地享受火车旅行。如果选择乘飞机，真正在飞机上的时间并不多，大部分时间都花在了去机场的路上，或者在机场四处转悠。但是如果乘火车，我大部分时间都在火车上，而不是频繁地到处跑。"

　　特伦斯爵士非常重视私密性。他不喜欢在火车上接打电话，也从不带秘书。

　　"对我来说，坐火车旅行的一大乐趣就是谁也无法找我打电话……最大的优点是可以甩掉所有人，一个人出发。对我来说，这种时间极为宝贵。

"我可以开始思考在忙碌的生活中（这就是我的状态）没有机会思考的问题。我可以得到一些非常好的想法，尤其是之前思考了很久的关于人员和组织的问题。回来后，我可以作出早就应该作出的决定。如果你愿意的话，火车旅行可以成为你的思考时间。"

电视

阿诺德·本涅特笔下的那位典型通勤者回到家时，没有广播或电视帮助他打发时间。到家一个小时左右，他说："我觉得该坐起来吸收点营养了，我才吃东西。接着认真地抽起烟来、会见朋友、打牌、翻翻书、意识到年龄不饶人、散散步、摸摸钢琴……天哪！转眼就是 11 时 15 分。该准备上床睡觉了！"

广播、电视、电话、计算机和互联网彻底改变了传统的生活方式。现在，许多人整晚都坐在电视机前。我也爱看电视——我一定要澄清这个事实，免得在我提出整晚看电视太浪费时间时，有人会指责我对电视有偏见。

电视机在一旁开着，你仍然可以做其他事，例如读书或想想第二天要做什么。让潜意识为你筛选电视节目，电视上播放有趣的节目时，你可以抬头看几眼。遥控器是很重要的工具，例如，你可以在播广告时将电视静音。或者你可以购买数字电视服务，安排自己想看的节目——你可以决定观看什么节目以及何时观看，还能跳过广告。

■ 本章要点：将已经占用的时间利用起来

◉ 你要提前给某些活动留出时间，但并非所有已经占用的时间都得到了充分利用。将时间看作一块布，你将它裁成了很多小块。将碎片时间找出来，并好好利用。

◉ 审视自己的日常行为。正是由于这些行为已经变成了一种习惯和固定模式，你会发现如果受到一点刺激（例如要将某些东西背下来），你的大脑就会活跃起来。

◉ 等待时间无论长短，都可以变成一种积极利用时间的机会，而不是一种消极的拖累。认真利用起来！

◉ 在选择最省时的出行方式时，你还要考虑到在旅途中可以完成工作的质和量。

◉ 认真记录每天晚上看电视或上网的时间——必要

的话可以减少。另外，不必认真观看所有节目。你可以边看电视边做其他事情，例如读书、画画或想想明天要完成的任务。

我们总能找出时间做真正想做的事。

12

关于健康和假期

你可能无法理解，在这样一本关于时间管理的作品中为何会出现一章有关健康和假期的内容。这几个主题之间有什么关系？为什么要写进这本书中？

有一个明显的原因：如果你生病了，工作就会受到干扰。用于休养的时间或许不能算浪费，但是肯定偏离了原本的用途。认真、积极且有效地关注自己的健康，就像购买了一份保险，可以防止突如其来的疾病夺走你原本用于其他地方的时间。预防胜于治疗。

但是，更深层的原因关系到你的时间质量。大多数有关时间管理的作品都只关注你能利用的时间量。他们试图说服你早点起床，减少干扰或浪费的时间，以此来延长工作时间。他们不断提醒你余下的时间越来越少了，但是他们几乎没有解决根本的问题：如何提高时间的质量？本章的目的是解答这个问题。

将工作（你投入时间和精力参加的有目的的活动）想象为一场球赛。哨声响起之前，在场外发生的事对于比赛的结果至关重要。球员的健康状况怎么样？他们是否足够放松心情和充分自信？如果他们的身体和精神状况不佳，尤其如果缺乏士气，就很难呈现出一场高质量的球赛。你也是如此。无论你有多擅长时间管理的技巧，只有保持身心健康，你才能从时间中获得最大收益（这才是时间管理的要义）。如何实现这一点？

能量平衡

本书的一个基本理念是"时间就是金钱"。时间与能量相比，有一个重要的区别：自然是变幻莫测的，每个人生来拥有相同的时间，但能量各不相同；你有自己的具体份额，如果使用得当，它可以持续一生。

能量可以比作账户余额。你的钱可能永远只有这么多；或者你可以定期存入一笔钱，慢慢增加余额。通过多种方法，你到了50岁可能比40岁时更加健康。如果运气够好，你到了80多岁仍然可以保持精力充沛。

什么是能量？最恰当的理解是花费在工作上或转化为工作的力量。当然，工作不一定是有偿的。能量主要表现为积极的行动、有力的话语、艰苦的努力和生命力。

财富和权力超出常人的商业大亨与所有对工作充满热

情的人一样，需要不断地给自己增加能量。许多才华横溢的年轻管理者之所以未能成为大亨，仅仅是因为他们不愿意每天做好这件枯燥的事。"你很快就发现自己不适合做这项工作"，有位企业家对我说。另一位成功的商人也提出了相同的观点："良种马是为了比赛而生。人也是一样。这是天生的。"

但是良种马与其他任何品种的马一样，也需要睡觉、进食和运动——这同样适用于人。你的能量储备来自这三个渠道。下面三个小标题提供了一些常识性建议。

■ 获得充足的睡眠

> "那清白的睡眠，把忧虑的乱丝编织起来的睡眠，那日常的死亡，疲劳者的沐浴，受伤的心灵的油膏，大自然的最丰盛的肴馔，生命的盛宴上主要的营养……"

上面的话摘自莎士比亚的《麦克白》(*Macbeth*)，它体现了睡眠的神秘之处及其特征。没有人能充分理解为什么要睡觉，以及睡眠中会发生什么。但是很显然，睡眠对我们的身心健康至关重要。换句话说，睡眠可以帮助我们保存并恢复能量。

具体的睡眠时间因人而异。有些人像拿破仑一样，每晚只需要睡 3 个小时。这种人只是极少数。你应该处在平均水平，并且随着年龄的增长，睡眠一般会越来越少。

你要了解自己每晚需要多少睡眠，并保持下去。例如，兴趣广泛、成就卓越的大主教威廉·邓普（William Temple）就是一位出色的时间管理者。他成长于一个宗教家庭，从小便坚信浪费时间是一种罪过。他将工作之余的各种闲暇时间用于写作。在第二次世界大战期间，担任坎特伯雷大主教的他在一封信的最后写道："就写到这里，我得去睡觉了。我正在占用睡眠时间给你写信。"尽量不要占用睡眠时间做任何事。

英国前首相玛格丽特·撒切尔（Margaret Thatcher）也面临同样的问题：她有段时间晚上难以入睡。1984 年，她决定开始少熬夜，并限制在上午的零散时间工作。相反，她用早餐前的整块时间翻阅文件，完成的工作量跟之前一样多。她决定作出这个改变，是因为长期熬夜影响了她的视力。她说："我现在发现，趁早上头脑清醒的时候工作比熬夜要好得多。"

有些人患有失眠症。首先是记清一点：我们睡眠时间比自己想象得要长。因此，不要担心自己睡眠不足，除非失眠问题确实影响到了你的生活质量，这时就要咨询医生了。有时，失眠可能是压力等问题造成的。其次，你可以起床做些事情。或者，你早早醒来，躺在床上思考一下工作问题。你应该还记得本书前面提到的关于深夜思考的内容。

如果条件允许，白天可以小睡一会儿——虽然这不利于解决晚上失眠的问题。爱迪生（Edison）和爱因斯坦——两位伟人都会在工作之余打个盹。丘吉尔、杜鲁门、艾森豪威尔（Eisenhower）和肯尼迪都是伟大的政治领袖，他们也会通过午睡来保持精力和缓解工作压力。思考下面几个问题：

◎ 你知道自己平均每晚需要睡几个小时吗？

◎ 过去6个月，你是否有过失眠的经历？是什么造成的？

◎ 你是否经常很晚才上床，导致早上起来疲劳易怒？

◎ 你是否会在白天打盹？

◎ 你是否睡得太多？可不可以尝试每晚少睡1小时？

均衡饮食

今天，关于饮食和生活方式的建议从四面八方向我们扑来。这些建议大多没人接受。例如，人们往往都很清楚，吸烟容易造成肺癌、心脏病和许多其他疾病。但是，尽管很多国家和地区都实行了公共场所吸烟禁令，并开展了大规模的反吸烟运动，但仍有很多人对戒烟的建议视而不见。

在饮食领域不仅有太多专家，而且新的研究成果一出现，他们就会改变主意。前一秒还有人告诉我们不能摄入碳水化合物，例如土豆和面包；下一秒就有人说我们需要这些纤维食品来保持饮食均衡。我们似乎每天都会收到新的饮食或营养计划帮助我们保持苗条和健康："只吃蛋白质""减少糖分摄入""不吃含脂肪的食物"。面对这些自相矛盾的建议，你要遵循以下三点规则：

1. 思考一个问题：吃饭对你来说是一种追求，还是维持生命的手段？如果是后者，请继续阅读。但如果你爱好美食（美食家或暴饮暴食者），那么你的价值观就会有所不同。美食家或暴饮暴食者要将自己热爱食物的价值观与健康状况进行对比，确认饮食习惯是否对身体有害。例如，摄入过多的食物或酒精会导致肥胖或心脏病。塑造自己的健康价值观：如果你喜欢外出就餐，可以尝试调整餐厅和菜单选择，以保持膳食均衡；如果你喜欢汉堡，可以用新鲜食材自己做。

2. 关注不同的营养师们普遍接受的观点。例如，他们都赞成均衡饮食，也就是说，我们每天至少应吃 5 份水果和蔬菜。所有人，包括肉食者、素食主义者和美食家，都可以遵守这一规则。常识，加上专家的一点建议和对自己的充分了解（例如，某些人出于健康或信仰原因无法食用某些东西）是最有效的指南。

3. 记住一条黄金法则：切忌过量。奶油、黄油、糖、酒精和其他可能造成健康问题的食物如果适量食用都没问题。研究表明，有争议的食品（例如巧克力和红酒）搭配均衡饮食少量摄入会对人有益。相反，如果没有合理的建议，或者不控制摄入量，保健食品商店的所有产品都有可能损害你的消化系统。

■ 锻炼身体

运动和饮食一样，大家对此持有多种不同的观点，但也同样有值得借鉴的基本规则。第一条规则——你要明确优先事项。锻炼对所有人都很重要，但是有些人比其他人更忙。你需要确定自己有多少时间用来运动，并相应地安排。即使每次只锻炼30分钟、一周锻炼3次，你也能实现理想的目标。查一查自己的时间日志，看看哪些时间被浪费了，你可以利用这段时间进行锻炼。参考前文内容，你可以同时工作和锻炼——想想有多少人在高尔夫球场上达成了交易；或者在健身房跑步时，你的深层思维可能产生多少想法。锻炼可以创造能量，尽管短期内它会消耗一些能量。你不能像某些狂热之人一样将锻炼作为生活的全部，但要通过锻炼来充实生活。

第二条规则——寻找各位专家之间的共识。这很容易做到。所有专家都赞成通过打网球、打高尔夫球、散步、游泳或骑自行车来进行锻炼，虽然需要谨慎进行，但有些运动还要有专业人员的指导和针对个人的量体裁衣。心脏是一块肌肉，需要锻炼。通过快走、游泳或骑自行车，你的呼吸系统和消化系统都会受益。因此，明智的做法是找到自己喜欢的运动方式，每周做两到三次。它既可以提高效率，又能使你放松下来。

第三条规则——切忌过量。这针对的是人们对慢跑或健身活动的过度沉迷的现象。在坚硬的地面上长时间慢跑会导致膝盖、脚踝和背部受损，这样也会导致你逃避问题或工作任务。你有没有因为在健身房耽搁太多时间而感到内疚？锻炼时突然释放出的内啡肽会给你带来极大的快感，但是过多的运动反而会使你在无法解决问题时心情低落。"平衡"和"适度"是关键。

研究表明，运动前的热身和运动后的放松都很重要。另外，要尽量避免突然的剧烈运动。例如，几个月不活动后在球场上炫耀球技，未经训练就参加铁人三项或马拉松比赛，或者参加高级健美操课，这些对身体状况不佳的高管来说都可能会造成生命危险。

坚持也很重要。每周锻炼3到4次会逐渐提高心率。快走是一项不错的运动。园艺或其他需要你拉伸胳膊和腿的活动也很棒。你要多活动身体和肌肉，这样可以保持身体柔软度。享受你自己选择的任何锻炼——然后坚持下去。

"不得不说，"作家马克斯·比尔博姆（Max Beerbohm）说，"我有生以来一次也没有散过步。"他不知道自己失去了什么。步行作为一种锻炼方式有很多好处。你可以在任何地方散步，而且不需要专门的装备。

除了周末去郊外散步，你在每个工作日都可以找到散步的机会。你可以放弃乘电梯而选择爬楼梯——多花些时间锻炼是值得的，因为锻炼是健康的重要保障，忽视它会对你自己不利。

"是的，是的，"你可能会说，"但是我没有时间按照你的建议锻炼。读完你的书，我为自己制定了太多目标，所以根本忙不过来。"

如果你有这种想法，不妨思考一下奥运金牌得主塞巴斯蒂安·科（Sebastian Coe）给出的建议，他认为过于专注田径训练可能会影响他的人生。

锻炼的代价

我听到很多人说，跑步会牺牲大量时间，但我个人认为它关系到你是否能有效安排时间。我可以用其他人

看电视的时间跑步。每人每晚平均要花3至4个小时看电视。当然，我可以在一个半小时内做很多其他事，但如果错过了，那也没关系。如果跑步意味着去不了夜总会、没法过度饮酒和抽烟，那也不错。毕竟我不喜欢这样的生活。

——塞巴斯蒂安·科

凭借这种自律精神，塞巴斯蒂安·科在1979年的奥运会上打破了800米的世界纪录。如果他可以每天跑90分钟，那么你和我每周锻炼90分钟来保持健康，也不为过吧？

▪ 假期的重要意义

不要变成工作狂！努力工作不等于长时间工作。如果你连续长时间工作，就需要放松一下。朋友、家人和休闲活动都值得你付出一些时间。正确地安排优先事项并认真遵循。工作狂的症状包括拒绝休假、无法从工作状态中"切换"出来，以及家人和爱人对你感到陌生。如果出现这些情况，你就需要休个假了。

美好的假期是一种个人感受。问问自己："我最难忘的假期是哪一次？"其中的某些要素（旅行、朋友、历史、美食、阳光、海滩、山脉、运动或其他任何东西）可以为下一个假期提供参考。同时，还要遵循一个规律：新鲜感可以为生活增添乐趣。对于假期来说，为了改变而改变有时是件好事。

如果你是时间意识很强的业务主管或专业人士，每天都谨慎地对待时间，想一想作家 J. B. 普里斯特利（J. B. Priestley）对假期的定义："一个美好的假期应该与时间观念比你模糊的人一起度过。"

假期原本是神圣的日子，除了星期天是让人们纪念重大宗教事件或圣人的日子。现在，假期经历了商业化包装，也许我们需要回到原先的基本观念，即假期是大脑和精神放松的时间。时间的质量既取决于我们的身体状况，也受思维状态的影响。

晚上或周末的休息时间可以算是微型假期。许多职业会大量锻炼和刺激大脑活动。如果你的工作属于这一类，你可能会考虑在闲暇时间或假期从事需要利用大脑其他部分的活动，例如学习一门语言。在本系列的《高效决策：实现创造性决策的必备思维》一书中，我介绍过一些保持思维活跃的方法，这与身体健康同样重要，健康领域专家也这么认为。

■ 冥想

我们可以从威廉·邓普大主教身上看到祷告和冥想的好处。他曾经说过，谦卑不是看低自己，而是根本不去想自己。邓普享受着一个人可以拥有的最大自由，即毫无烦恼地过好每个小时。他曾经表示："让人感觉疲劳的不是他做了什么，而是他没有做什么。"

在基督教传统中，祷告和冥想是相互关联的。祷告可以理解为与上帝的对话。西方宗教信仰的衰落，以及人们通过旅行加深了对世界各地习俗的理解和认可，使源于印度和中国等国家的冥想活动逐渐流行起来。

瑜伽和其他改善身体和心灵状态的东方运动及冥想，在英美等西方国家早已司空见惯。如今，专门面向高管的课程到处都是，为了便于他们参加，通常是一对一授课或在办公场所进行。随着人们将实践和个人喜好结合起来，新的冥想形式不断出现。关于冥想和思维锻炼的书籍有很多，因此你无论在家中还是与他人一起，都能轻松找到适合自己的方式。

超觉冥想（Transcendental Meditation）是最早在西方流行起来的一种冥想形式，现在仍然有人采用这种方式运动。它要求每人每天静坐两次，每次20分钟，静坐时紧闭双眼，让思维漫游，同时在脑海中重复一个单词或短语。体验过超觉冥想的人表示，它可以让人更警觉并减少紧张感，据说还会发生一些身体变化，例如改变脑电波，以及呼吸变慢、变深。这些研究结果让超觉冥想得到了很多追随者。我们不再想当然地以为自己天生具备"切换状态"的能力，尤其是在长时间工作以后。放松甚至安静地坐着不一定是自然而然就实现的。如今，许多人需要冥想或类似形式的帮助或指导，从而从忙碌的状态中切换出来。

圣雄甘地（Mahatma Gandhi）的秘密

领导者必须比手下员工积累更多的体能。圣雄甘地就是个很好的例子。他给人的印象是身体非常虚弱，但是还有比他更能承受压力的领袖吗？当我在他位于艾哈迈达巴德附近的静修所拜访他时，我想我发现了他如此隐忍的秘密。我在紧张的日程中挤出了一些时间去看望他，结果当天碰巧是他的"静默日"。他在纸上写字，热情邀请我坐在他旁边陪着他，直到太阳落山后才结束。然后他倚在小屋前的沙发上，我们在星空下进行了一场难忘的谈话。临近采访结束，我问他为何能一整天都不说话。他说，他对于说话和听别人说话感到疲倦。

他发现，在巨大压力下，他不仅身体垮掉了，而且丧失了新鲜的思维和精神力量，话语逐渐变得正式和机械化，失去了活力。他渴望安静地思考和祈祷。因此，他坚持每星期用一天时间不说一句话。他告诉我，有人问他是否愿意为总督破一次例，他回答说，他不会为任何人破例。

　　——理查德·利文斯通（Richard Livingstone，古典学者）爵士

　　上面一段内容体现出，在所有冥想中，关键是保持沉默。"转过身去，认真听，"老师说，"有时候你会听到与整天在耳边嗡嗡的噪音完全不同的声音。将人的喧嚣声屏蔽掉。"保持安静离不开沉思。冥想的第一个目标必须是保持一定时间的沉默，可以是清晨或深夜的10分钟，或者一个人走路或坐在河边钓鱼的1小时。关键是你要独处，周围要安静。中国有一句谚语："沉默是金。"

　　虽然你不能强迫思维朝着某个方向发展，但冥想仍是有目的的活动。它不是浪费时间，更谈不上打发时间。你需要有一个想法、观点或主题，然后像卷心菜叶上的毛毛虫一样一点点将菜叶消化。

　　你可以将本书的主题（或其中的某些方面）作为这一周的冥想主题。从本书中选出3个观点或词语，将它们写在纸上。从明天开始，每天早餐前冥想10到15分钟。

　　有些人发现，冥想时手中握一支笔有助于随时将想法记

录下来。你可以将某个观点或词语想象成钻石，你对着阳光看它，观察其中的瑕疵或裂缝，并不断变换角度。这是一场探索之旅，你可以在寻常事物中发现不寻常的内容。

3次冥想结束后，你至少对时间的某些方面有了更深入的了解。你可能会更确定它是一个谜，或者将它看作是意外的礼物，从而心存感激。冥想开始给你带来收益。不努力就没有回报。

到目前为止，我一直建议你以一种有条理的方式冥想，选择一个主题，选择或创造一个可以让你安静独处的时间。冥想还可以以较为随意的方式进行。

或许将它称为沉思更为妥当。你听到的一些话，某些事件，一本书中发人深省的句子，季节的变化，家庭生活的节奏……所有这些都可以引发思考。我们有时将思考看作是一种艰苦的行为——令人大汗淋漓的脑力劳动。这么想也没错。但思考也可以是你一个人坐在火炉旁、手握玻璃杯的一种放松状态：愉快地探索生命的意义。沉思可以让你获得洞见、丰富你的价值观或者温暖你的情感，即使没有这些，它本身也值得去做。你早晚会收获果实。

这种思考方式被称为"思维的星期天"。最好花些时间放松地进行冥想，思考目前的工作状况，哪怕每天只用几分钟。英国商人兼记者白芝浩（Walter Bagehot）曾说过："所有伟大的作品都是在长时间的安静和沉思中产生的。"

思考的时间

在一天的某个时段，通常是晚上，我会花一个小时进行冥想。我坐在扶手椅上，手里端着一杯威士忌，想想明天会发生什么。我会思考所有事情的意义，还会想想家庭事务。

我所做的是审视生活，从高处审视整个生活，早上10点的烦心事似乎一点也不重要了。我想这就是我能保持平静的原因。对于某些人来说，一件小事可能都会引起困扰。冥想有助于防止人长期浮躁，这一点在政治领域尤为重要。自从里奥·阿默里（Leo Amery）建议我冥想到现在，我已经坚持了十六七年，再也离不开它了。

我从不担心政治的未来，一切都顺其自然，否则要担心的就太多了。首先，你因为想成为国会议员而焦虑，当上了国会议员，你又想成为国务大臣，然后是国务卿、外交大臣或总理。而且每到一个位置，你又担心会失去它。如果你疯狂到这个份上，就无法享受政治。

——彼得·沃克（Peter Walker，英国政治家）

冥想可以改变你的生活。在精神上，你需要沉默和独处的时间。法国哲学家和数学家布莱士·帕斯卡（Blaise Pascal）写道："我们拒绝每天在房间里安静地坐一会儿，所以生活中的所有麻烦都找上门来。"

■ 应对压力

刺耳的闹钟声将约翰·史密斯（John Smith）惊醒。昨晚他过了很长时间才睡着，头一阵阵地疼。他今天没法上班了。他与成千上万个其他人一样，都因为压力而无法工作。

《牛津英语词典》将"压力"（stress）定义为"压迫感"或"紧张感"。现在，它的含义还包括"精神、情感或其他方面的紧张状态"。压力似乎无处不在。

目前有关压力的研究成果显示，它可导致多种疾病，包括皮肤疾病、胃溃疡、高血压、神经衰弱甚至心脏病。你有压力吗？压力的症状包括：

◎ 睡眠不稳　　　　　◎ 没有食欲

◎ 长期疲劳　　　　　◎ 恶心

◎ 持续焦虑　　　　　◎ 眩晕

◎ 大量饮酒　　　　　◎ 出虚汗

◎ 过量吸烟　　　　　◎ 失眠

◎ 性冷淡　　　　　　◎ 咬指甲

◎ 暴饮暴食　　　　　◎ 紧张的抽搐

◎ 依赖睡眠药物　　　◎ 经常哭，或有想哭的欲望

◎ 接触毒品　　　　　◎ 头疼

◎ 易怒　　　　　　◎ 后背疼

◎ 消化不良

许多管理者仅在他们自己或员工遇到危机时才意识到压力。这种压力可能表现为酒精依赖或神经衰弱。

如果可以的话，以积极的眼光看待这种情况。压力的症状可能是我们的"朋友"，提醒我们重新审视自己的生活方式、进行自我诊断："我需要认真了解我自己和我的职业。"你需要多少时间来改变自己的工作和生活方式？你要培养一套涵盖身体、思想、精神、职业和人际关系的生活理念。

但是有时候，压力会侵入我们的生活，就像海浪不断冲刷沙丘和海堤一样，如以下案例所示。

如果压力变成了大问题

希拉·亨德森（Sheila Henderson）期待新年。她现年50岁，没有孩子，有一份有趣的工作，与一群年轻人共事。她的丈夫迈克尔（Michael）是一家大型制药公司的高级营销主管。8个月以来，她一直在家里照顾母亲，这让她筋疲力尽。突然，在圣诞节前一周，她的母亲再次中风，在送往医院的救护车上咽了气。两天后，迈克尔从新任主管那里收到一封短信，表示新的一年不会再雇用他了。当天晚上，警察打电话说，希拉手下的3名少年实习生参加了一次毒品聚会，并在一个居民区殴打了一名老妇。母亲葬礼的第二天是星期六，迈克尔和希拉以往会在这一天打高尔夫球。"你去吧，"她说，"我随后就到。"但是在迈克尔出门后，她的脖子突然疼痛万分，让她几乎动弹不得。医生最终诊断为椎间盘磨损和重度关节炎，并告诉她这是治不好的。然而两年后，压力的起因逐渐淡化，她脖子上的疼痛也减轻了。

希拉·亨德森的故事说明了压力的成因。造成问题的不只是一种情形，而是持续不断的压力堆积在一起。如果人本来已经不堪重负，一件很小的事都有可能变成压倒骆驼的最后一根稻草。因此如果可以的话，你要尽可能将不同的变化分隔开。但是，通常情况下，你无法控制可能造成压力的事件：丈夫或妻子的离世，父母、子女或好朋友的离世，离婚或分手，疾病或受伤，工作上的重大变化或失业等。因此，你的目标是尽力适应这些情况。

严重的压力最初可能不像上面的案例那样突然，但焦虑和沮丧的身体症状同样令人担忧。如果出现这种情况，你首先要咨询医生，确保没有根本性的问题。接下来，你需要按照第180—181页提出的"缓解压力的7个步骤"来对付这个不速之客。这七个步骤涵盖了内部和外部因素。

合理的时间管理有助于缓解压力。1984年5月的《国际管理》杂志发表了针对10个国家的1000名管理人员的研究成果，至今仍具有现实意义。该研究提出了造成压力的12个原因，具体如下：

1. 时间和期限的压力
2. 超负荷工作
3. 团队成员能力不足
4. 工作时间过长
5. 参加会议
6. 私人和社交生活的压力
7. 新技术应接不暇
8. 个人信仰与组织要求存在冲突
9. 把工作带回家
10. 缺少权力和影响力
11. 频繁出差
12. 工作过于简单，与个人能力不匹配

由于上面的一个或多个原因，压力可能会破坏你的防御系统。你要如何进行管理或约束？如果你已经出现了一些压力症状，可以采取以下措施：

缓解压力的 7 个步骤	
1. 采取行动	积极看待这些症状，将它们作为预警。找出造成压力的潜在原因，并进行应对。例如，如果你对工作不满意，不妨看看其他选择，例如申请新工作。任何行动都比左顾右盼要好。散个步或做些其他运动。不论感受如何，你都要保持微笑，并高高兴兴地应对。
2. 表达自己的感受	不要与世隔绝。尝试与他人交流一下。不要将自己的感受封闭起来。如果你感到愤怒，找个方法表达出来，例如与朋友或伴侣聊一聊，或者向医生、牧师或辅导员寻求专业指导。
3. 审视优先事项	退后一步，审视自己的价值观和优先事项。你的伤害可能是自己造成的。对生活中的优先事项有了新的认识，有助于你消除混乱和压力。平衡工作与休闲活动。摒弃"只工作、不休息"的价值观。
4. 接受无法改变的事物	勇敢地改变可以改变的事物，平静地接受无法改变的事物，同时还要具备区分两者的智慧。
5. 合理利用自己的经历	让负面的体验以某种方式为你所用，变消极为积极。例如，如果你经历过痛苦，就会对他人更加同情。

（续表）

缓解压力的 7 个步骤	
6. 审视自己的时间管理技能	不要接受或制定不切实际的时限。记住，在固定时间内安排太多活动是造成管理压力的主要原因。检查一下你认为自己仍然不够擅长的时间管理技能，例如委派工作。为重要的任务分配更多时间。有条不紊地工作，一次只做一件事。
7. 凡事往好处想	专注于当下。不要沉迷于过去或未来。感恩是你最好的朋友。列出5件令你发自内心的感激的事。在本周的冥想中，看看是否可以再增加5件。

　　担忧永远是一个潜在的敌人，尤其是在你感到疲倦时。如果它来势汹汹，记住作家马克·吐温（Mark Twain）的话："我知道这个世上有很多麻烦，但大多数从未发生过。"

■ 本章要点：关于健康和假期

　　◉ 培养良好的睡眠、饮食、运动和休假习惯，恢复体力、保持健康。记住，"保持节制"是黄金法则。
　　◉ 冥想的基本要素是保持沉默和独处。每天花一些时间进行沉思。你可能会按照传统的方式思考某种真理或价值；或者你只想认真思考当天的一些事。你是否正确地排列出优先事项？是否错过了某些不明显的重点？

◉ 学会识别压力的症状，并诊断出潜在原因。如果压力影响到了你的生活，采取7个步骤来缓解它：采取行动，表达自己的感受，审视优先事项，接受无法改变的事物，合理利用自己的经历，审视自己的时间管理技能，凡事往好处想。

◉ 如果你感到担忧，将担忧的对象尽量清楚地呈现在脑中，问问自己："最糟糕的情况是什么？我能应付吗？"如果你能回答这些问题，担忧的情绪往往就会消失。

◉ 活在当下。你无法改变昨天发生的事。今天过好了，才能创造更美好的明天。

神啊，我从来没有足够的时间去做所有事；
请帮助我减轻负担、提高效率。

总

结

提高时间管理能力的十大原则

1. 培养时间观念
2. 制定长期目标
3. 制定中期规划
4. 安排好今天的时间
5. 充分利用黄金时间
6. 合理安排办公室
7. 有效管理会议
8. 有效分配工作
9. 将已经占用的时间利用起来
10. 保持身体健康

答案

练习4：企业高管（第134页）

1. 确保组织有明确的方向和目标。（董事会和高管是否清楚自己与竞争对手相比处于什么位置？他们希望组织在3年后发展到什么程度？组织是否有愿景？）

2. 制定灵活的规划，为实现各个目标打好基础。

3. 确定优先事项，根据目标和规划分配资金和资源。

4. 制定必要的政策，为管理者提供决策指导。这些政策应为企业建立或完善价值体系。

5. 确定组织基本结构，选拔和培养重要的高管。

6. 组建管理团队，培养4到5名接班人。

7. 与公司总裁和董事会建立关系。

8. 与行业内的大客户、社群和政府建立关系。

9. 实施管控，包括制定标准和监管业绩，确保组织实现短期和长期目标。